谈判中的心理学

"推开心理咨询室的门"编写组◎编著

中国纺织出版社有限公司

内 容 提 要

生活中处处存在谈判，但成功谈判并不是一件易事。谈判不仅是语言的交锋，而且是心理上的较量。将心理学知识运用到谈判中，运用心理计策或直接或委婉地影响对方，能让我们掌握谈判桌上的主动权，成为谈判的最终赢家。

本书从心理学的角度出发，通过大量生动的谈判案例为我们详细介绍了谈判中经常遇到的问题，并给予了专业的心理应对策略。另外，还指导我们如何通过察言观色应对谈判对手的各种套路以及谈判对手的无理要求和故意刁难，进而在各种谈判困境中寻求突破并实现利益的最大化，得到最理想的谈判结果。

图书在版编目（CIP）数据

谈判中的心理学／"推开心理咨询室的门"编写组编著．--北京：中国纺织出版社有限公司，2024.7
ISBN 978-7-5229-1680-4

Ⅰ．①谈… Ⅱ．①推… Ⅲ．①谈判学—社会心理学 Ⅳ．①C912.35

中国国家版本馆CIP数据核字（2024）第074546号

责任编辑：张祎程　　　责任校对：王蕙莹　　　责任印制：储志伟

中国纺织出版社有限公司出版发行
地址：北京市朝阳区百子湾东里A407号楼　邮政编码：100124
销售电话：010—67004422　传真：010—87155801
http://www.c-textilep.com
中国纺织出版社天猫旗舰店
官方微博 http://weibo.com/2119887771
天津千鹤文化传播有限公司印刷　各地新华书店经销
2024年7月第1版第1次印刷
开本：880×1230　1/32　印张：7
字数：108千字　定价：49.80元

凡购本书，如有缺页、倒页、脱页，由本社图书营销中心调换

前言

提到谈判，可能不少人认为谈判指的就是商务人士为了达成经济利益而进行的商务洽谈，其实不只如此。如果你从事销售工作，你需要说服客户与你达成购买协议就是一种谈判；如果你是顾客，你与商家讨价还价，以最优的价格购买到令你心仪的产品就是一种谈判；如果你是企业员工，你与公司领导商谈工作内容以及向其请求升职、加薪等，也是一种谈判……

美国著名谈判专家荷伯·科恩说，"现实世界是一张巨大的谈判桌，每个人都有可能成为谈判者"。我们的生活中，处处存在谈判。尤其是当今社会，随着法治社会的建立与健全，谈判作为一种沟通思想、缓解矛盾、维持和创造社会平衡的手段，其应用越来越普遍，作用也越来越大。无论是国家大事、外交事务，还是一般的商务活动，都免不了要谈判。然而，要想谈判成功，就需要你时刻保持警惕，掌握对手的心理，根据对手的用意随时制订出一套与之相应的心理策略。当然，任何策略都需要你不着痕迹地完成，让对手心甘情愿地接受你的谈判条件！

的确，谈判本来就是一场利益之争，双方都想争取利益的最大化。在促使谈判双方达成一致意见的关键要素中，最重要的其实并不是口才的比拼，也不是口若悬河、唇枪舌剑地发表

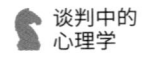

自己的看法，而是要看谁能在心理战中更胜一筹。

可以这样说，谈判制胜之道就在于营造绝对的心理优势，在对方的心理防线上打开一个突破口，然后局势就会尽在我们的掌握之中了。我们可以不够强大，但是不可缺少底气、策略和智慧。这三者也是谈判高手应具备的能力与素质。

事实上，为什么有些人在谈判中总是处于劣势、处处显得被动，其节奏也往往被对手所控制，最后频频让步，以至于还要去争取突破底线的条件导致谈判破裂，达不成交易？这是因为他们不懂得将心理学知识和策略运用到谈判中。

当然，要想做到这一点，需要我们深入了解谈判对手，包括其性格、需求和底牌，然后才能迎合其性格，满足其需求，压制其底牌，并制订出有效的谈判策略。掌握了谈判心理学，我们就能在谈判时营造绝对的心理优势，或直接或委婉地影响对方，从而掌握谈判的主动权与话语权，最终成为谈判赢家。

以上就是我们在本书中要讲述的全部内容。本书共11章，分上、中、下三篇，分别从谈判开场、谈判交锋以及谈判结局三个阶段详细阐述了谈判的各种心理技巧和应对策略，以帮助读者朋友们掌握最实用的谈判攻略。希望本书能给你一把打开成功谈判大门的钥匙，帮助你在谈判中尽占优势，让一切尽在你的掌握之中。

编著者

2023年6月

目录 CONTENTS

上篇 先声夺人，在谈判开场阶段就营造心理优势

第 01 章 倾听为上，在倾听中积蓄谈判的力量

倾听不傻听，听出对方的利益点 / 003

多听少说，诱导对方多说 / 006

商务谈判中，有哪些需要学习的倾听技巧 / 009

倾听中留点心，识破对方真实心理 / 013

谈判中说得越多，暴露得越多 / 017

倾听是最高的恭维，能降低对方的防备心 / 020

第 02 章 做足准备，了解对手的心理底牌

组建优秀团队，谈判成功一半 / 025

拟定谈判议程，按部就班实现谈判目标 / 029

遵守谈判礼仪，给对方留下完美印象 / 033

制订完善的谈判计划 / 036

做足准备，谈判前收集足够的资料 / 041

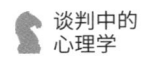

第 03 章
机智应答，绝不给对手留下任何可趁之机

回答要有理有据，句句中肯 / 045

不是所有的问题都必须回答 / 048

表示认同和理解，激发心理共鸣 / 051

反问式应答，再将难题抛给对方 / 054

回答时态度诚恳，让对方觉得你值得信任 / 057

回答点到为止，给对方留下想象空间 / 059

第 04 章
察言观色，看穿对手内心点点滴滴

识别声气，听懂对手给予的心理暗示 / 063

不同气质的对手，有不同的应对策略 / 066

观察对手的微表情，洞悉对手内心 / 070

从声音入手，听出对方的话外音 / 073

谈判时指手画脚的对手，通常好胜心强 / 076

如何识别谈判对手的常见谎言 / 079

中篇　你来我往，在谈判交锋阶段玩转心理

第 05 章
谨慎开口，谈判中要避开的心理雷区

谈判中一定要避免针锋相对 / 085

尊重你的对手，你也能赢得对手的尊重 / 088

谈判中开口前要思虑周全 / 092

给对方面子，就是给自己留退路 / 095

保持冷静，不要因对方情绪变化而自乱阵脚 / 099

允许对手有自己的思路 / 101

第06章 先发制人，营造强大的心理气场

提个试探性的问题，摸透对手的真实心理 / 105

出其不意，给对手一个措手不及 / 108

营造心理气场，展现你的自信气势 / 111

妙用神态动作，干扰对方的判断 / 113

妙用激将法，让对方不得不让步 / 116

小小手势，能彰显非语言的力量 / 119

第07章 破除障碍，如何运用心理策略打破谈判僵局

谈判中的语言失误，用幽默法轻松化解 / 123

打破僵局，重新开启谈判局面 / 126

机智应对，灵活打破僵局 / 130

遭遇对手挑衅，如何巧妙化解 / 135

第08章 对抗与博弈，谈判本就是一场心理较量

小心对手给出的心理"干扰" / 139

不同对手，有不同的应对策略 / 142

想方设法打消对方顾虑，实现谈判目的 / 146

乘胜追击，迅速拿下对手 / 147

从对方兴趣入手，引入谈判话题 / 151

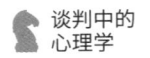

下篇 一锤定音，在谈判终局阶段达成利益共享

第 09 章 灵活应变，谈判成功的前提是抓住对方的心理软肋

不战而屈人之兵，掌握谈判主动权 / 157

面对强硬的谈判对手，如何进行心理引导 / 162

找到对手的软肋，一招制胜 / 165

限制对方的选择，让谈判局势有利于己方 / 169

第 10 章 成功签约，临门一脚时的谈判策略要注意

妙用最后时机，营造心理假象 / 173

"最后通牒"的心理策略：让对方快速成交 / 176

签订合同时要认真了解每一项条款 / 180

关键时刻，亮出己方底牌 / 182

谈判达成后签订合同需要注意什么 / 186

谈判结束时如何说好结束语 / 188

第 11 章 以双赢为心理引导，在讨价还价中获得最优谈判结局

以利益诱惑为引导，达成最终价格协议 / 193

试探性地了解对方底价，在此基础上商谈价格问题 / 198

讨价还价中，以实现双赢为引导 / 202

了解谈判中的报价学问 / 205

谈判过程中要如何报价才有效 / 208

参考文献 / 214

上篇

先声夺人，在谈判开场阶段就营造心理优势

俗话说："好的开始是成功的一半。"谈判开场阶段，通常指双方彼此熟悉和就谈判目标、计划、进度和参加人员等问题进行讨论，并尽可能取得一致意见，以及在这个基础之上双方就谈判内容分别发表陈述的一个阶段。在这一阶段，需要好好营造氛围，争取在开场阶段赢得对方的信任。

第01章　倾听为上，在倾听中积蓄谈判的力量

> 谈判并不是言语的较量，也并非逞口舌之快，所以那些聪明的谈判者并非滔滔不绝之人，他们更擅长倾听。假如在整个谈判过程中，只顾自己说话，而不懂倾听，那就无法详尽地了解对方，而且还容易暴露自己的更多信息，因此，谈判要倾听先行。

倾听不傻听，听出对方的利益点

在日常谈判中，我们与对方的交流沟通，实际上就是一场心理较量。而且，彼此都带着各自在意的重点，以此来达成共识。如何才能打动对方呢？这就需要我们仔细观察，从对方言语中抓住对方潜在的"利用价值"，再以对方在意的东西作为诱饵，这样一来，对方就会心动，从而答应我们的请求。而且，我们以对方在意的东西作为诱饵，以此来暗合对方的心理，这样会让对方感到很受尊重，在无形之中，也拉近了彼此的距离。

有时候，对方潜在的"利用价值"往往是他的软肋，有可能他会为了某些欲望而放弃之前所提出的条件，在此时，我们就可以让对方在交流中败下阵来。在这里，所谓的"利用价值"，也就是对方最在意的东西，如头衔、利益等。

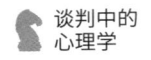

谈判实景：

三国时期，邓芝受命出使东吴。到了东吴，孙权对他很是怀疑，因此不肯接见他。过了两天，邓芝给孙权写了一封书信。孙权一看，只见书信上写道："臣今到此，非但为蜀，并且为吴。若大王不愿见臣，臣就走了。"孙权犹豫不定，一些大臣也都想刁难一下邓芝。后来，孙权采纳了张昭"先给邓芝一个下马威"的意见，在殿前放一个沸腾的油鼎，命武士各执兵器，站立在两侧，召邓芝入见。

邓芝听孙权召见他，便从馆舍出来，毫无惧色，昂首走入大殿。邓芝进入殿内，就对孙权说："我特为吴国利害而来，大王却设兵置鼎，以拒一儒生，可见大王度量太小！"孙权听后，觉得很惭愧，忙命人赐坐。邓芝问道："大王欲与魏和呢？还是与蜀和呢？"孙权说："孤非不欲和蜀，但恐蜀主年幼国小，不足敌魏。"邓芝听后，一脸严肃地回道："大王为当世英雄，诸葛亮亦一代豪杰。蜀有山险关隘，吴有三江，若互为唇齿，进可兼并天下，退可鼎足峙立。如大王甘心事魏，魏必然会征大王入朝，索太子做质子，一不从命，便起大兵讨伐，那时蜀国再顺江东下，臣恐大王两面受敌，江东之地不复有也。请大王熟思！"为赢得孙权的信任，表示诚意，邓芝又说："若大王以为愚言是不可取的谎言，吾愿立即死在大王面前，以杜绝说客之名。"说着，撩起衣服，就装作向油鼎跳去。孙权忙命人将邓芝拦住，请入后殿，以上宾之礼相待。

刚开始，孙权不愿意接见，邓芝就直言不讳地说："臣今到此，非但为蜀，并且为吴。"邓芝首先表明自己来到吴国的原因：不仅为蜀国而来，也为吴国而来，指明了蜀国与吴国有唇齿相依的邻邦关系。后来，在整个谈判过程中，邓芝详细地解释了："诸葛亮亦一代豪杰，蜀有山险关隘，吴有三江，若互为唇齿，进可兼并天下，退可鼎足峙立。如大王甘心事魏，魏必然会征大王入朝，索太子做质子，一不从命，便起大兵讨伐，那时蜀国再顺江东下，臣恐大王两面受敌，江东之地不复有也。请大王熟思！"最后言明孙权不与蜀和的后果：蜀吴两国是互为唇齿，如果蜀国没了，那吴国的屏障也就失去了，这样一来，大家岂不是在同一条船上。最终，孙权明白了其中的利害关系，他被邓芝一番恳切的言辞打动了。

谈判心理策略分析：

1. 找到对方的利益所在点

在每个人身上，都会有一定在意的东西，有可能是金钱，有可能是名声，有可能是地位。那么，在沟通的过程中，我们要善于以对方在意的东西作为诱饵，以此达到打动对方的目的。

2. 找到对方的兴趣所在

每个人都有自己的兴趣爱好，因此，在交流过程中，我们要想办法找到对方的兴趣点。我们可以在与对方交谈之前做好准备工作，打听对方有什么兴趣爱好；也可以通过自己的观察或提问来得知对方感兴趣的东西或事情。

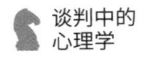

3. 给对方一个响亮的头衔

俗话说："佛要金装，人要衣装。"头衔也有它的作用，而且作用还不小。头衔就犹如名字的装饰品，它富丽堂皇，令那些听到它的人都心生羡慕、崇拜，与此同时，也令当事人感到莫大的荣幸与骄傲。

多听少说，诱导对方多说

在日常谈判中，要记住永远给对方留较多的说话时间，没人喜欢滔滔不绝的"话匣子"。社会心理研究发现，27%的沟通不成功都是由于一方话多，而另一方无语。在生活中，那些通过交流成为朋友的，都在于他们第一次见面，彼此间并不熟悉，一切从零开始，随后才逐渐熟络了起来。现代社会，尤其是许多年轻人，为了让别人接受自己的观点和意见，总喜欢侃侃而谈，甚至有的人还会口若悬河，却不知这样无休止的谈话只会让别人心生厌恶。而在商务谈判中，我们需要做的是让对方多说，给对方说话的机会，让自己成为听众，这样我们才能从与对方的谈话中获知更多的信息。

谈判实景一：

一家小公司与一家大公司进行了一次贸易谈判，大公司的代表依仗自己的实力，滔滔不绝地向对方介绍情况，而小公司的代表则一言不发，埋头记录。大公司的代表讲完后，征求对方代表的意见。小公司的代表好像突然睡醒了一样，迷迷糊糊地回答说："哦，讲完了？我们完全不明白，请允许我们回去研究一下。"于是，第一次会谈就这样草草结束。

几个星期后，谈判重新开始，小公司的代表表示自己的技术人员没有搞懂对方的讲解。结果大公司代表没有办法，只好再次给他们介绍了一遍。谁知，讲完后小公司代表的态度仍然不明朗，仍要求道："我们还是没有完全明白，请允许我们回去再研究一下。"就这样，结束了第二次的会谈。

几天后，第三次会谈，小公司的代表还是一言不发，在谈判桌上故伎重演。唯一不同的是，这次他们告诉大公司，一旦有讨论结果会立即通知对方。过了一段时间，在大公司觉得这次合作已经没戏的时候，小公司的代表找上门来开始谈判，并且拿出了最后的方案，使对方措手不及。最后，双方达成了一项明显有利于小公司的协议。

一家小小的公司居然能够打败大公司，在谈判中取得成功，其中的关键在于小公司的代表懂得让对方多说。在说话时机尚未成熟的时候，小公司的代表一直不说话，使对方摸不着头脑，盲目骄傲自大，同时也为自己赢得了时间去研究对方的方案，给了大公司措手不及的一击。有时候，一言不发能起到滔滔不绝完全达不到的效果。

谈判实景二：

有一个经营印刷业的老板，在经营了多年之后萌生了退

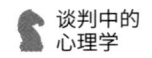

休的念头。他原来从美国购进了一批印刷机器,经过几年使用后,扣除磨损费应该还有250万美元的价值。他在心中打定主意,在出售这批机器的时候,一定不能以低于250万美元的价格。有一个买主在谈判的时候,针对这台机器的各种问题滔滔不绝地讲了很多缺点和不足,这让印刷业的老板十分恼火。但是他在刚要发作的时候,突然想起自己250万美元的底价,于是又冷静了下来,一言不发,听着那个人继续滔滔不绝。结果到了最后,那人再没有说话的力气,突然蹦出一句:"嘿,老兄,我看你这个机器我最多能够给你350万美元,再多的话我们可真是不要了。"于是,这个老板很幸运地比计划多卖了整整100万美元。

正所谓"静者心多妙,超然思不群"。一些习惯于滔滔不绝的人往往是最沉不住气的人,一旦遇到了冷静的对手,他就容易失败,因为急躁的心情让他们没有时间考虑自己的处境与位置,也不会静下心来思考有效的对策。在上面这个案例中,那位啰唆不停的买主正好中了老板无意设下的"陷阱",不等对方发言,就迫不及待地提出价格,等于自己拿空子让别人去钻。

谈判心理策略分析:

1. 对方说得越多,所暴露的信息就越多

著名作家大仲马说过:"不管一个人说得多好,你要记住,当他说得太多的时候,终究会说出蠢话来。"我们每个人都应牢牢记住这句至理名言，要善于制造机会让对方多说，我们只需要从其言语中挖掘一些有价值的信息就行了。

2.善于从对方的言语中挖掘有价值的信息

当对方在说的时候，我们要善于倾听，并从其所透露的言语中挖掘出有价值的信息。通常情况下，当一个人侃侃而谈的时候，其言语背后是隐藏着许多秘密的，也就是说其言语中隐藏着一些有价值的信息。

商务谈判中，有哪些需要学习的倾听技巧

倾听是谈判过程中不可或缺的部分，听与倾听有所不同：前者是反映听觉机能的状况，后者除了健全的听觉，更需要全心投入，付出真诚和专注。谈判是一个沟通的过程，双方进行一连串的讨论和对话，希望达成双方满意的协议。大多数谈判者会以为，在实际谈判过程中，应该要多说话才可以令对方信服并接受自己提出的建议和条件。但事实上，谈判时多说话，只会错误暴露自己的底牌，甚至引发彼此间的争论，扩大分歧，甚至可能导致谈判走向僵局。所以，在谈判过程中，我们应该多听少说，才可以知己知彼，百战不殆。

倾听之道，在乎"耐心倾听"，即需要专注、忍耐，尽量让对方把要说的话说完，尤其是一些批评的话。许多人喜欢抢着说话，这导致他们只能听到部分或表面信息，忽略了重要

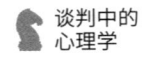

内容或弦外之音。我们在很多时候听到别人说"请让我把话说完",就是这种情况发生时的案例。商务谈判是企业经济活动中一项非常重要的活动。在商务谈判中,双方了解和把握对方观点与立场的主要手段和途径就是倾听。大量实践证明,只有在清楚地了解对方观点和立场的真实含义之后,我们才能准确地提出自己的方案和建议。

谈判实景:

威廉是一位小卖部老板,有一次,他的房屋由于受到台风的袭击而遭到较为严重的破坏,由于房子在保险公司是投了保的,他打算向保险公司索取一定的赔偿。不过,由于他生性胆小怕事,不好意思开口,他打算请自己的朋友杰克帮忙。杰克是当地有名的谈判专家,他的谈判风格是非常重视倾听。

首先,杰克先让威廉将事情的来龙去脉详细地讲述了一遍,然后答应了他的请求,并对威廉说:"我非常乐意帮你这个忙,尽可能地向保险公司要求更多的赔偿,这个不是问题,因为根据规定和合同,保险公司应该支付你必要与合理的赔偿。不过,希望你能告诉我,你希望得到多少赔偿金呢?"威廉说:"我想看看保险公司能否赔偿我500美元,你觉得有可能吗?我当然希望能够多赔偿我一些,但是,我这口才你是清楚的,如果我自己去谈判,估计一分钱也要不回来。"杰克点点头,然后再问:"那你实话告诉我,这场台风究竟给你造成了多少经济损失?"威廉回答说:"这你放心,我房屋的受损程度绝对超过500美元。"听到这样的话,杰克心里便有了主意,因为他知道该向保险公司要多少赔偿以及保险公司最多能够给多少赔偿了。

杰克给保险公司打电话,详细地向对方讲述了事情的发生过程,并说明自己的房子是在他们公司买了保险的,要求保险公司能够在最短的时间内解决,因为他已经没有地方住了,否则保险公司将对此全部负责。果然,半个小时之后保险公司的理赔员来到威廉的家里,当他发现杰克也在时,就知道自己今天的工作肯定不好开展了。理赔员主动跟杰克打招呼:"你好,杰克先生,很荣幸能够在这里遇见你。"杰克热情地回应对方:"你好,见到你很高兴。"接着理赔员便开始直接说了:"杰克先生,我知道像你这样的谈判专家,大多数的谈判都是没有败绩的,但是在今天的赔偿上,我们恐怕不能够赔偿你太多的金额。请问,如果我只能赔偿你200美元,你觉得怎么样呢?是不是太少了呢?"

杰克没有说话,沉默了一会,然后他对理赔员说:"你确定没搞错吗?我是不可能接受你这样的条件的,数目少得令人难以置信。"杰克凭着多年的经验,从对方说话的口气里,判断出第一次出价后必然会有第二次,甚至第三次、第四次,而且理赔员一开口说只能赔多少,显然他自己也觉得这个数目太少,不好意思开口说。过了一会儿,对方又说:"好吧,真的不好意思,请你别将我刚才说的价格放在心上,我赔偿给你300美元,怎么

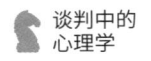

样?"过一会儿,理赔员又说:"绝对不行,好吧,那就400美元,我看这些够多了,再多了就不合理了吧?"杰克说:"400美元?我不知道是否合理,不过确实令人难以接受啊。"于是,理赔员一次次地将赔偿金额增加,最终,竟然以惊人的1300美元的赔偿费结束了这个谈判,大大出乎威廉的意料。

从心理学和日常的生活经验来看,当人们专注地倾听别人说话时,表示人们对讲话者的观点很感兴趣或很重视,从而可以给对方一种满足感,这样就在双方之间产生一定的信赖感。本杰明·富兰克林曾说:"与人交谈取得成功的重要秘诀,就是多听,永远不要不懂装懂。"

所以,谈判者一定要学会如何"听",在认真、专注地倾听的同时,积极地对讲话者做出反应,以获得更好的倾听效果。在实际谈判中,谈判者应该把自己置于一个什么样的位置,以什么样的姿态来听取对方的发言和意见并快速对此做出正确判断和反馈,不但要取决于谈判者是否可以完善地自我表达,更取决于谈判者是否拥有高超的倾听技巧。

谈判心理策略分析:

1. 认真倾听

在谈判过程中,我们要认真倾听,面向说话者,与他保持目光接触,要以姿势和手势证明我们在倾听,表现出自己的诚意和对对方的尊重。无论你是站着还是坐着,都要与对方保持最适宜的距离。大多数情况下,说话者都愿意与认真倾听、举止活泼的听者交流。

2. 把注意力集中在对方所说的语言内容上

在倾听过程中，我们要把注意力集中在对方所说的语言内容上，不但要努力理解对方言语的含义，而且要努力理解对方的情感和文化含义。同时，我们也要了解对方的文化背景、价值取向和语言特点等，这样才能保证我们全面理解对方语言的全部内容。

3. 努力表达出自己的理解之意

我们在与对方交谈时，要利用有反射地听的做法，努力弄清楚对方的感觉如何，对方到底想说什么。全神贯注地听对方讲话，不但可以表明我们对对方肯定的态度，促使对方感到被理解、尊重，而且有助于你更准确地理解对方所给出的信息。

4. 避免使自己陷入争论

当我们内心不同意对方的观点时，不能对他的话充耳不闻，只顾自己发言。一旦发生争论，也不能一心只为自己的观点寻找理由，把对方的话当成耳边风。假如你不同意对方的观点，也应该等对方说完之后，再表达自己的观点。

倾听中留点心，识破对方真实心理

在日常谈判中，人与人之间少不了沟通，而沟通中的话题则是必不可少的。大量事实表明，一个人喜欢什么就会谈论什

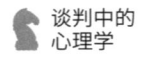

么样的话题，而且那必然是他在意的东西。反过来，一个人所谈论的话题中一定有他感兴趣的东西。每个人都有自己喜欢的东西或事情，有的人喜欢旅行，有的人喜欢漂亮的衣服，有的人喜欢绘画，而无一例外的，他们的兴趣都将隐藏在话题里，等待你去发掘。如果你能从细微处发现对方喜欢的东西或事情，从对方所感兴趣的话题入手，那么，你已经成功地识破了对方的真实心理。

在镇压太平军的行营里，一次，曾国藩用完饭后与几位幕僚闲谈，评论当今英雄。他说："彭玉麟、李鸿章都是大才，为我所不及。我可自诩者，只是生平不好谀耳。"一个幕僚说："各有所长：彭公威猛，人不敢欺；李公精敏，人刁能欺。"说到这里，他说不下去了。曾国藩问："你们以为我怎么样？"众人皆低头沉思。忽然走出一个管抄写的后生来，插话道："曾帅仁德，人不忍欺。"众人听后皆拍掌称是。曾国藩十分得意地说："不敢当，不敢当。"后生告退后，曾国藩问道："此是何人？"幕僚告诉他："此人是扬州人，办过学，办事还谨慎。"曾国藩听后说："此人有大才，不可埋没。"不久，曾国藩升任两江总督，就派这位后生去扬州任盐运使。

那位后生不过是一句话，就得到了曾国藩的赏识，同时，改变了自己的命运，这真可以说是"一言定升迁"。为什么会这样呢？其实，如果我们仔细观察，就能从话题中找到原因。

闲聊中，曾国藩别的不聊，却聊到了"当今英雄"，所选话题的目的不言而喻，曾国藩本人统率几十万湘军，在当世也堪称"英雄"，这样想来，他此举就是想有人夸赞自己一番。虽说，曾国藩是中兴名臣，但也是常人，他也想听赞美的话，这是其兴趣之一。后生识破了曾国藩的心思，说："曾帅仁德，人不忍欺。"，一语说到了曾国藩的心里，同时，后生也赢得了曾国藩的信任与好感。

在生活中，我们都有这样的经历，对于自己感兴趣的、比较擅长的话题，总是愿意去谈论。那么，在正式沟通中，如果对方总是谈到一件事，那么证明这件事对他很重要，或者他的兴趣点就是这件事。

谈判心理策略分析：

在谈判过程中，彼此所谈论的主题可以透露出对方的兴趣点。毕竟，一个人喜欢什么，他就愿意谈论什么，对自己不是很感兴趣的，他是不会侃侃而谈的。如果对方谈论小说，那么，他所喜欢的肯定不是运动；如果对方谈论的是汽车，那么，他所喜欢的肯定不是建筑。所以，在日常谈判中，我们要善于从交谈中"听"出对方的兴趣爱好，并适时把话说到对方心坎上，自然可以轻松赢得人心，从而顺利地赢得谈判的主控权。

1. 对方往往会较多地谈到自己在意的东西

当一个人对一个话题侃侃而谈，而且越说越兴奋的时候，

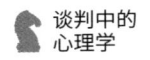

我们可以判断对方对这个话题的某些东西是喜欢的。正是因为喜欢，他才会不断地重复一些话，才会投入自己许多的热情。因此，在沟通过程中，我们要善于观察和倾听，对于某件事情，对方说得越多，越表明这个话题中包括了对方所感兴趣的事情。

2. 谈判前充分搜集关于对方的资料

在沟通过程中，要想准确地了解到对方的兴趣爱好，不仅需要在交谈时仔细观察，而且还需要在沟通之前做足功课。例如，我们所要拜访的是一位美术老师，那可以确定的是他所感兴趣的一定是美术，绝不会是其他什么东西，即便美术不是他的爱好，他是因为生存需要才选择了进入美术这个领域，但对他而言，美术也是他最熟悉的东西。只要我们可以准备一些谈话的资料，那在交谈过程中就可以准确地知道他所感兴趣的东西了。

3. 试探性提问

当我们不知道对方感兴趣的东西是什么时，我们可以通过试探性提问，去发掘对方的兴趣点，这样对整个沟通也是很有帮助的。假如我们既不知道对方感兴趣的东西是什么，也不愿意通过试探性的提问去挖掘，那我们很难在沟通中有所收获。

谈判中说得越多，暴露得越多

在谈判过程中，谁先开口说话，谁说得比较多，谁就有可能处于被动的位置。俗话说："商场如战场。"在谈判桌上，为了避免受到对手的攻击，人们总是千方百计地遮掩自己内心真正的想法，而"紧闭嘴巴"则成为其掩盖自己心理的有效方法之一。试想，若是什么都不说，对方自然也不知道你在想什么，你自然就胜券在握。反之，谁说得比较多，他暴露出来的信息就比较多，那么，他就可能处于被动位置。因此，为了自己能占据主动位置，应该让对方先开口。更为关键的是，只有让对方先开口，你才能探得一些信息，在接下来的谈话中，你也能句句击中其心了。

谈判实景一：

美国一家大汽车公司，正在接洽采购一年中所需要的坐垫布。消息一出，立即有三家厂商把样品送去备选，这家汽车公司的高级职员验看后，便要求每家公司各派一位代表前来商谈，再决定选购哪一家厂商的东西。

琪勃是其中一家厂商的代表，就在那一天，他却患了严重的喉炎。当琪勃去见汽车公司的那些高级职员时，他嗓子竟然哑了，几乎一点声音都发不出来。他们被带进一间办公室，跟里面的纺织工程师、采购经理、推销主任和那家汽车公司的总经理都见了面。当琪勃站起来想要说话时，却只能发出沙哑的

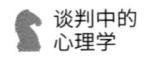

声音。大家是围绕一张桌子坐着的，琪勃说不了话，只好用笔把话写在纸上："诸位先生，我嗓子哑了，不能说话，你们先说吧。"于是，其他厂商代表纷纷开始讲起来，每到一个厂商讲话的时候，总经理都会提出自己的某些看法。而坐在旁边的琪勃则会把那些信息记下来，再综合自己公司产品的信息。

等到大家都讲完了，琪勃开始嘶哑着声音说："大家都说得差不多了，我来说说我们公司的产品吧……"由于之前琪勃收集了总经理的一些信息，他已经知道了总经理看重产品的哪些方面，不介意产品的哪些方面，因此，他谈了他们公司产品的特点，短短几句话，就赢得了总经理的认可。最后，这家汽车公司向琪勃订购了五十万套坐垫布。

也许，这份订货单是琪勃至今为止所经手过的最大的一笔，但是，琪勃很清楚，如果不是自己喉咙嘶哑，说不出话，他可能就会失去那份订货合同，因为他在之前总是觉得自己只要先开口，就能掌握话语的主动权。但通过这次经历，琪勃发现原来让别人先开口讲话，才能让自己掌握更多的主动权。

谈判实景二：

小张是一个推销员，经常天南海北地跑。有一次，他到杭州出差，工作任务是与商家洽谈一笔生意。

到了约定的时间，小张来到酒店，双方代表面对面落座。小张注意到对方是一个不苟言笑的人，而且，见到小张来了，他还在低着头看报纸。小张觉得比较闷，就主动向对方打招呼："最近杭州天气比较热啊？"没想到，那位谈判代表头也不抬，冷漠地回答："杭州都是这样的天气。"小张并没有就此放弃交流，他继续问："听口音您不是本地人吧？""噢，山东枣庄人。"对方抬起头来，警觉地看了小张一眼。"啊，枣庄是个好地方！读小学的时候，我就在《铁道游击队》的连环画上知道了。两年前去了一趟枣庄，还在那边玩了两天呢，很不错，真是个好地方。"听了这话，那位来自枣庄的代表精神为之一振，马上站起来放下报纸，先是递烟，又与小张互赠名片。两人越聊越高兴，晚上相约一起进餐。就在当天晚上，双方就谈成了一笔互惠互利的生意。

如果对方不先开口，小张就无法详细地了解对方，自然也就没有办法谈成生意了。在谈判过程中，谁先开口，谁谈论得比较多，谁暴露的信息就比较多。而我们应该从对方所谈论的话题中洞悉其心理，这样，在接下来的言语交锋中，我们才能抓住对方的心理，达到谈判成功的目的。

谈判心理策略分析：

1. 多提问

潜能大师安东尼·罗宾说过："对成功者与不成功者最主要的判断依据是什么呢？一言以蔽之，那就是成功者善于提出好的问题，从而得到好的答案。"在谈判过程中，善于提问是很有必要的，一个好的提问可以带来一次愉快的沟通，而一次愉快的沟通会让你获得更多的信息。

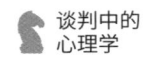

2. 尽量让对方多说话

成功的沟通是尽可能地让对方多说话。当你侃侃而谈，需要别人去赞同自己意见的时候，你的谈判可能会失败，其原因就在于话说得太多了，特别是一些推销员，他们很容易犯这个错误。其实，要想取得良好的谈判效果，你应该让对方多说话，表达出他的意见，或者说．应该你问他问题，让他来告诉你一些事情，这样你才能搞清楚对方到底在想什么。

倾听是最高的恭维，能降低对方的防备心

在西方有一句广为流传的谚语："倾听是最高的恭维。"在日常交际中，对于真正卓越的谈判家而言，倾听和说话是同等重要的，二者是相互关联的。当他在认真倾听的时候，他总会站在对方的角度来理解问题；当他说话时，他也会邀请对方站在自己的角度来看问题。这样一来，交流中因沟通不畅的矛盾就会少很多。生活中，我们经常会遇到这样的事情：一个遇到烦恼的朋友找自己倾诉，我们只需要认真听他讲，当他讲完之后，他的心情就会平静很多，甚至不需要我们做任何事情来帮助他恢复平静。

谈判实景一：

在一次推销中，乔·吉拉德与客户洽谈顺利，眼看就要签约成交的时候，对方却突然变卦了——快进笼子的鸟儿飞

走了。

当天晚上，按照顾客留下的地址，乔·吉拉德找上门去求教。客户见他满脸真诚，就实话实说："你的失败是因为你自始至终没有听我讲话，就在我准备签约前，我提到我的独生子即将上大学，还提到他的运动成绩和他将来的抱负。我是以他为荣的，但是你当时却没有任何反应，还转过头去用手机和别人讲电话，我一恼就改变主意了！"

这一番话提醒了乔·吉拉德，使他领悟到"倾听"的重要性，让他认识到，假如不能自始至终倾听对方讲话的内容，认同顾客的心理感受，就会失去自己的顾客。以后再面对顾客时，他就十分注意倾听他们的话，不管是否和他们的交易有关，都给以充分的尊重，这让他收获了意想不到的效果，他终于成为一名推销大师。

在谈判过程中，占据主动位置的一定是会说的人吗？不一定，有时候，能够把控沟通主方向的人往往是一些善于倾听的人。卡耐基说："对和你谈话的那个人来说，他的需要和他自己的事情永远比你的事重要得多。在他的生活中，他要是牙痛，要比发生天灾导致数百万人伤亡的事情还要重大；他对自己头上小疮的在意，要比对大地震的关注还要多。"因此，我们要学会利用我们的耳朵，做一个善于倾听的人，并牢牢地抓住沟通的主控权。

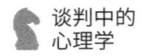

谈判实景二：

有一次，乔·吉拉德拜访了一个有趣的客户，一开始，客户就喋喋不休地谈论自己的儿子，他十分自豪地说："我的儿子要当医生了。"乔·吉拉德惊叹道："是吗？那太棒了！"客户继续说："我的孩子很聪明吧，在他还是婴儿的时候，我就发现他相当聪明。"乔·吉拉德点点头，回应道："我想，他的成绩非常不错。"客户回答说："当然，他是他们班上最棒的。他在密歇根大学学医，这孩子，我最喜欢他了……"话匣子一打开，客户就聊起了儿子在小学、中学、大学的趣事。

第二天，当乔·吉拉德再次打电话给那位客户时，客户告诉他已经决定在他手中买车，而客户的原因很简单，他说："当我提起我的儿子吉米有多优秀的时候，你是多么认真地在听。"

或许，有人错误地认为多说话才能把握谈判的主动权，其实，多说话会给我们带来很多负面的影响，多说有可能会使别人对你产生戒心，认为你有某种企图；说得太多了，别人会对你敬而远之，因为他没有义务当你的倾诉桶；况且，话说得多了，难免会出错；有时候，说得越多，暴露的信息就越多，就会越容易被别人看穿。所以，做一个懂得倾听的人，并将这样的美德沿袭在自己身上，你就能获取更多的信息，把握沟通的主动权，就能够更加有效地打动人心，赢得比别人更多的机会。

谈判心理策略分析：

1. 倾听会让你受益

有位名人曾说："学会了如何倾听，你甚至能从谈吐笨拙的人那里得到收益。"倾听并不是没有任何意义的随声附和，一个优秀的倾听者可以从说话者那里获取大量的信息，赢得对方的认可，以达到打动人心的目的。

2. 掌握倾听的技巧

倾听也是有技巧的，除了听外，需要适时地重复对方话语中的关键字眼。当然，倾听比说话更需要毅力和耐心，假如你只是埋头玩手机，或者把头瞥向一边，这样无疑会打击说话者的积极性。

3. 倾听是沟通的前提

只有听懂了别人表达的意思，我们才能沟通得更好。倾听是沟通的前提，先听懂别人的意思，再表达出自己的想法和观点，才能更有效地沟通。同时，听懂了别人的意思，我们才有机会掌握沟通的主动权，如此，也更容易打动人心，达到成功办事的目的。

第02章　做足准备，了解对手的心理底牌

> 谈判准备阶段是指谈判正式开始以前的阶段，这是谈判最重要的阶段之一，良好的谈判准备有助于增强谈判的实力，使谈判双方建立良好的关系，影响对方的预期结果，为谈判的进行和成功创造良好的条件。

组建优秀团队，谈判成功一半

任何一个组织，不管大小都需要团队合作，虽然合作的形式会有所差别，但高效的团队合作，往往是组织成员共同努力的结果，因为组织内上下级之间、员工与员工之间存在一个复杂而微妙的动态过程，而并非简单的加权。而谈判团队作为一个典型的团队组织也是这样。如今，谈判变得越来越复杂，所牵涉的范围也比较广泛，所需要的知识也很广博，如产品、技术、市场、金融、法律等多方面，假如是牵涉到国际的谈判，还会涉及国际法、外语等知识，如此纷繁的知识绝不是一个人就能办到的。因此，谈判除了一对一的方式外，更多的时候是一个谈判团队对另外一个谈判团队。为了实现某个具体的谈判目标，通过新的组合放大个人的力量，从而形成一种新的力量。

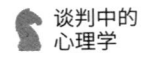

此外，谈判团队的组合实际上是一种优势互补。在实际生活中，即便是再高明的谈判家，也有不知道的地方，也有自己的不足之处，也会有这里或那里搞不明白的时候。而面对这样的情况，若是找一个能与之互补的人组成团队，岂不是更完美了？我们都知道，一个人能力再强，也到不了想干什么就干什么的地步，因此一个好的谈判团队往往了聚集了众多个人的力量，从而形成更强大的力量，而这样的力量恰恰是在实际谈判中所需要的。所以，如果你想在谈判中夺得头筹，那组建一个好的谈判团队是很有必要的。

公司建立了以王先生为首的谈判团队，在这个团队里每个人都有自己的具体职责。王先生作为团队的领袖，要处理几乎所有的面对面谈判，他是整个谈判团队的组织者，负责大部分"说"的工作，或者是提出新的问题和新的提议，或做出妥协和让步。

团队中的小李是评论员，他主要负责总结目前的进展，阐明目前存在的问题。观察员小赵主要负责观察并监控人们通过话语和肢体语言所传递出来的信息。小凡是团队里的分析员，主要负责记录并分析全部的数字和其他数据，以及对方的出价方式和做出让步的方式，这样有助于理解对方谈判的目标和优先考虑的问题。

俗话说："三个臭皮匠，顶个诸葛亮。"一支管理精良的谈判团队具有这样的优势：可以代表公司内部的多方利益；可以保障企业内部各方对最终协议的坚定执行；可以有效地提高团队成员的自信，让整个团队在谈判桌上具有杀伤力。当然，我们在建立谈判团队的时候，不要考虑与对方团队的人数相比，因为相比较而言，一个少而精良的团队要比一个有很多人却臃肿的团队要好很多。

有些谈判者喜欢一个人与对手进行谈判，因为他们喜欢这种形式所带来的控制感。但即便是最简单的谈判也有其复杂的地方，而且极少有人能在谈判中同时身兼说、听、看和计划这样几项工作。在这时若是有一个精良的谈判团队，那这个团队必然会拔得头筹。

那我们在组建一个好的谈判团队时应该考虑哪些问题呢？

谈判心理策略分析：

1. 明确谈判团队的人员组成原则

在组建谈判团队时，需要考虑两方面的问题：一方面是需要成员具有良好的专业基础知识，而且能快速有效地解决谈判中可能出现的问题；另一方面参加谈判人员必须关系和谐，可以求同存异。简单地说，就是需要成员遵循知识的互补性，包括性格、能力的互补。

2. 对谈判成员数量进行有效地控制

可能有人会问：一个谈判团队有多少人组成才是最合适的呢？国内外的专家普遍认为大概需要6个人，主要是由谈判管理员、经济人员、技术人员、法律人员、翻译人员、记录人员这6

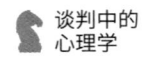

个人组成。人员的搭配要适当，也可以适当做出调整。

3. 确定主谈与辅谈

在整个谈判团队中，主谈是"大将"，决策者是"元帅"，智囊是"军师"。只有每个人认清了自己的位置，才不会有内部斗争。主谈作为公司代表，其言语代表着公司，因此谈判桌上主谈的发言就是公司的发言，主谈的表态就是公司的表态，这就要保证谈判团队发出一致的声音，不能有两个声音出现。而辅谈的任务是配合主谈，辅谈通常是对项目有极深的专业认识，或是因战术需要的智囊成员。

在谈判团队中，最重要的是选择合适的主谈。在主谈的选择上，要选择既能坚守原则，又可以灵活变通的人来担当。经常会有一些谈判因为主谈的思维过于死板僵硬而最终破裂。尽管我们先前不能准确预测谈判中对方会说什么，会做什么，但主谈灵活应对的能力是非常重要的。主谈代表了公司，其言语行为具有决定作用，因此一定要慎重选择主谈的担任者。

4. 不可或缺的"军师"

智囊就是"军师"，与主谈配合能够争取更多的谈判筹码，因此主谈要充分发挥智囊的作用，为目标铺路。例如，常见的有"黑红脸"战术，这个战术尽管最常用，不过要用好，不但需要两个人的默契配合，而且需要恰到好处地表演。

5. 成员之间要形成优势互补

谈判成员之间要形成优势互补，这个互补性不但包括职务、专业技能，而且包括性格、爱好等方面。谈判是人与人之间的对话，当面对关键人物或发展关键线人时，我方谈判团队内应有合适的人选。对于谈判桌外的交际，人的性格、爱好就显得十分重要，针对目标人物，我方要有应对人员。因此，尽早掌握对方谈判关键人物相关信息，也便于我方有针对性地组建谈判团队。

拟定谈判议程，按部就班实现谈判目标

通常情况下，谈判议程的安排对谈判双方都是十分重要的，议程本身就是一种谈判策略，一定要特别重视这项工作。谈判议程通常要说明谈判时间的安排和议题的确定，谈判议程可以由一方准备，也可以由双方协商确定。而议程包括通则议程和细则议程，通则议程由谈判双方共同使用，细则议程供己方使用。

商务谈判是一项技术性较强的工作，为了让谈判在不损害他人利益的基础上达成对己方更加有利的协议，可以随时灵活地运用谈判技巧。一个制作良好的谈判议程，是可以驾驭谈判的。谈判就好像双方作战一般，那么谈判议程就是己方纵马驰骋的缰绳。你可以被迫让步，可以被击败，只要你还可以左右对方的行动，而不是听任对方的摆布，那你依然在某种程度上占据优势，而且你的各方面计谋将略胜于对方。

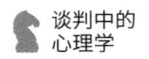

谈判心理策略分析：

谈判者在拟定通则议程和细则议程时需要注意以下几个问题：

1. 合适的时间安排

时间安排，也就是确定在什么时间举行谈判、谈判持续多长时间、各个阶段时间怎么样分配、议题出现的时间顺序等。谈判时间的安排是议程中的关键环节，假若时间安排得比较匆忙，谈判者准备不够充分，匆忙上阵，情绪急躁，就难以冷静地在谈判中实施各种策略；假若时间安排得很松散，不但会耗费大量的时间和精力，而且随着时间的推移，各种环境因素都会发生变化，同时还可能错过一些关键的机会。

2. 拟定谈判议题

所谓的谈判议题就是谈判双方提出和讨论的各种问题，要想确定谈判议题，那就要首先明确己方打算提出什么问题，需要对哪些问题进行讨论。然后把这些问题进行全盘比较和分析：哪些问题是主要议题，将这些列入重点讨论范围；哪些问题不是重要的问题；哪些问题是可以忽略不计的。此外，分析这些问题之间存在着什么关系，在逻辑上有什么联系，预测对方会提出什么样的问题，哪些问题是己方必须认真对待、全力以赴去解决的；哪些问题可以按照情况做出让步，哪些问题可以不用进行讨论。

3. 拟定谈判议程

谈判的议程安排要按照己方的具体情况，在议程安排上可以扬长避短，也就是在谈判的议程安排上，保证己方的优势可以得到充分的发挥。同时，议程的安排和布局要为己方出其不意地运用谈判策略埋下契机，假如谈判者比较有经验，他是不会错过利用拟定谈判议程的机会来筹划谋略的。

所拟定的谈判议程内容要能够体现己方谈判的总体方案，统筹兼顾，引导或控制谈判的速度，以及己方让步的限度等。而且，在议程的安排上，不宜过分伤害对方的利益，以免导致谈判的破裂。不要将己方的谈判目标，尤其是最终谈判目标通过议程和盘托出，让己方处于不利地位。

不过，议程由自己安排也有不利之处，己方准备的议程往往透露了自己的某些意图，对方可分析，在谈判前拟定对策，使己方处于不利地位。同时，假如对方不在谈判前对议程提出异议而掩盖其真实目的，或者在谈判过程中提出修改某些议程，那容易导致己方处于被动地位，甚至谈判失败。

4. 谈判通则议程与细则议程

通则议程是谈判双方共同遵守使用的日程安排，通常要经过谈判双方协商同意后方可正式生效。在通则议程中，一般会确定这样一些内容：谈判总体时间及分段时间安排，双方谈判讨论的中心议题，问题讨论的顺序；谈判中各种人员的安排；谈判地点及招待事宜。

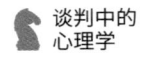

通常细则议程是己方参与谈判的策略的详细安排，只供己方人员使用，具有一定的保密性，其主要包括这样一些内容：谈判中统一口径，如提出的观点、文件资料的说明等；对谈判过程中可能出现的各种情形的应对策略安排；己方发言的策略，什么时候提出问题，提出什么样的问题，向什么样的人提出问题，谁来提出问题，谁来补充这个问题，谁来回答这个问题，谁来反驳对方的提问，在什么样的情形下要求暂时停止谈判，谈判人员更换的预先安排；己方谈判时间的策略安排、谈判时间期限。

5. 关于对方提出的议程安排

作为己方，没有详细考虑后果之前，不要轻易接受对方提出的议程。在安排问题之前，要给自己充分的思考时间；仔细研究对方所提出的议程安排，便于发现是否有什么问题被对方摒弃在议程之外，或可作为用来拟定应对策略的参考；不要显示出己方的要求是可以妥协的，应尽量早点表示你的决定。如果你对对方提出的议程不满意，可以鼓起勇气去修改，不要被对方安排的议程束缚住思维，尤其要特别注意利用对方议程中可能暴露的谈判意图，后发制人。

当然，谈判议程只不过是一个事前计划，并不代表一个合同，假如谈判的任何一方在谈判开始之后对议程的形式感到不满意，那都要及时地去修改，而不要觉得不好意思，否则双方都负担不起因为忽视议程而导致的损失。

遵守谈判礼仪,给对方留下完美印象

在日常谈判中,礼仪扮演着十分重要的角色,合理地使用谈判礼仪有助于谈判的顺利进行。由于不同地区存在着文化差异,这影响着日常谈判,因此,作为谈判者应该注意谈判过程中礼仪的正确使用。随着经济的快速发展,谈判在业务合作过程中扮演着越来越重要的角色,不同角色在谈判中的礼仪表现是不尽一致的。谈判作为一项特殊的商务活动,对谈判者的语言和行为礼仪都有着很高的要求,在谈判过程中,谈判者可以通过大方、得体、优雅的行为礼仪为和谐友好的谈判气氛提供重要保证。

谈判礼仪的作用一是律己,二是敬人。所谓律己,就是用一定的礼仪来规范自己的行为,表现出良好的内在修养,这样不但能让自己充满自信,而且能获得对方的尊重。所谓敬人,就是通过一定的礼仪,更好地向对方表示尊重、友好与善意,增进双方之间的信任和友谊。当然,良好的谈判礼仪不仅能使你在谈判场合受益,还可以有效提升你的个人素养,毕竟教养体现细节,细节展示素质。我们在商业交往中会遇到不同的人,如何与不同的人交往,是需要讲究艺术的,例如,要用对方乐意接受的语言夸奖对方,否则即便你觉得自己在夸人但却令对方感到不舒服。而且,良好的谈判礼仪还有利于维护企业形象。在商务交往中个人代表整体,个人形象代表企业形象,

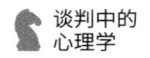

个人的所作所为就是企业的典型活体广告。

谈判心理策略分析：

1. 仪容礼仪

谈判者出入谈判场合，应该讲究仪容仪表。正所谓"佛要金装，人要衣装"，整洁得体的服饰和大方的仪态不但可以美化一个人的外表，而且可以反映你的个性、审美情趣和文化品位等。一位仪表得体的谈判者，可以给谈判对手留下良好的第一印象；一位衣冠不整的谈判者不但自毁形象，而且会给人一种邋遢的感觉，这样的形象极其容易被谈判对手轻视。所以谈判者需要注重仪表礼仪，不一定要穿名牌，但着装一定要得体、合适。

2. 介绍顺序

在谈判过程中，介绍礼仪的规则是：无论男女老幼，都要先把社会地位低的人引见给社会地位较高的人。例如，"王总经理，请允许我向您介绍本公司的业务代表小李"。然后对小李说："小李，这位是山水公司的王总经理。"在大型的商务谈判中，通常是由双方主谈人或主要负责人互相介绍各自的谈判人员。假如是一方的代表同时介绍双方的谈判人员，应先介绍己方人员，然后介绍对方人员，以示尊重对方代表。

3. 握手礼仪

握手是目前世界上大多数国家人们见面时互相表示敬意的方式之一，谈判双方人员会面和离别时，通常以握手作为友好的表示，所以谈判人员不可忽视握手礼仪。通常主人应向客人先伸手，以表示欢迎，在机场、宾馆或会谈室接待来宾，无论对方是男士还是女士，主人都应先伸手，在离别时主人不必先伸出手，以免有催促客人赶快离开之嫌。

通常男士应等女士先伸出手后方可伸手去握，男士与女士握手，通常只需握一下女士的手指部分，不要握得太紧，也不可以握得太久。握手时，如果对方是主人、女士、年长者、身份高者己方要先伸出手，以表示对他们的尊重，且握手时应注视对方的眼睛，微笑致意，切忌左顾右盼，心不在焉。

4. 守时守约

守时是谈判中的基本礼节，参加谈判的人员，需要按约定时间到达，不能迟到，也不能过早到达，以免出现主办方因未准备完毕而出现手忙脚乱的难堪情况。假如不能如期赴约要事先打招呼，因故迟到要主动道歉。

5. 言谈礼仪

在商务谈判时要巧于辞令，措词准确，语气神态要融合现场气氛。谈判者要注意自己提问的方式，不可唐突，咄咄逼人。在陈述时要娓娓道来，不能东拉西扯，傲慢无礼。在谈判时要心平气和，以理服人。

6. 举止优雅

谈判桌其实就是一个人的活动舞台，若是举止不当，不但直接影响谈判效果，同时也会自损形象。所以谈判者的举手投

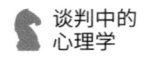

足、一颦一笑都需要符合公务活动的规范，特别要注意与对方保持一定的距离，不能过于亲近和疏远。

7. 尊重对方

谈判者需要在谈判桌上营造一种友好的氛围，不能弄得硝烟弥漫、刀光剑影，这就需要充分尊重对方，包括尊重对方的风俗习惯，交谈中不要涉及隐私、禁忌及敏感问题，更不能拿对方的生理、穿戴、习惯等作为话题加以取笑。

8. 互赠名片与施礼

交换名片也是很有讲究的，接过对方的名片后应点头致意，并妥善保存。假如在谈判桌上一次接收几张名片时，最好把接收的名片依次摆在桌上，与对方的座次一致。在谈判交往中，适当施礼是必要的，互赠礼物可以增进双方的情谊，融洽彼此之间的关系，创造良好的谈判氛围，不过赠送礼物要恰当，不宜太贵重，以免让人觉得你另有所图。

制订完善的谈判计划

谈判计划是谈判过程的初始阶段，包括在对交易内容进行可行性调查研究的基础上进行的计划，确定谈判主题，明确谈判要点，挑选谈判人员，草拟谈判方案以及制订谈判措施等。在谈判之前，我们需要制订一份完整的"商务谈判计划"，这关系到谈判的结果，也直接影响谈判者公司的利益及谈判者在公司的前途。

通常情况下，谈判的准备工作就是制订一个简单、具体又有弹性的谈判计划。因此这个计划应该尽量简洁，以便其他成员可以记住其中的重要内容。计划必须具体，不能只求简洁而忽略具体内容，既不要有所保留也不要过分细致。而且，这个计划还需要有弹性，谈判者需要善于领会对方的谈话意图，判断对方的想法与自己的计划的区别所在，从而灵活地对谈判计划进行调整。

谈判心理策略分析：

1. 组建谈判团队

一个优秀的谈判团队除了必须具备相应的专业技术知识，还必须具备一定的谈判经验，而且能够融洽地处理同事之间的关系以及与谈判对手的关系。为了使谈判高效运作，谈判团队可以由谈判组长、技术专家、商务专家、财务专家、法律专家、后勤保障人员组成。

2. 谈判成员分工

按照谈判小组成员的各自特长，进行合理分工，明确责任范围，最为关键的是解决在分工基础上小组成员之间全面合作问题。在确定谈判小组成员后，可以组织一次全体成员会议，将了解到的对方的全部情况向全体成员详细说明，进行明确分工，强调团体合作。

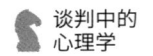

3. 拟定谈判目标

谈判目标必须明确、具体，同时，谈判团队的每位成员都应该清楚认识到这是谈判的重要原则，所有的谈判工作都必须围绕着谈判目标的实现而开展。简单地说，谈判的所有活动都将围绕谈判目标展开，谈判结束后势必达成谈判目标。

4. 确定谈判的地点

通常情况下，假如谈判需要进行两场以上，那己方与对方都将准备一个谈判地点。为了避免在对方公司谈判时的被动局面，谈判主场可以安排在接待对方代表的酒店。那么下一轮在对方所在地谈判时也可以要求在酒店会议室进行，这样是公平合理的。安排在对方所住的酒店可以让对方代表消除由于第一次到己方公司而产生的陌生感和紧张感，有利于创造良好的谈判开场。

5. 确定谈判日程

拟定时间表与对方协商，或者确认对方拟定的时间表，确认时间、议题以及预期达到的目标。在不能按照预期进行谈判时要及时采取补救措施，假如某天没能就某议题达成协议则可以利用晚上的时间继续谈判，若一周未能达成协议，则可以利用周末继续谈判，或者暂缓谈判，另外安排时间或延长谈判时间等。

若是一次谈判未能达成最后协议，那还需要安排第二轮谈判。所以谈判日程尽量安排紧凑一些，最好能在一天之内全部安排完毕，留下足够的时间安排对方代表考察己方公司，向对方展示己方实力。若对方谈判代表是第一次到己方所在地，那按照惯例可以安排对方代表在己方所在地的旅游活动，给对方谈判人员留下好的印象。第一次谈判只需要就主要议题进行安排，安排不完或此次未能达成协议的议题，可以暂且放在下次进行。

6. 拟定谈判策略

按照谈判日程，面对不同的谈判阶段制订完善的谈判策略，而且简单地用文字表述出来，以便谈判成员熟记于心。例如，在开场阶段，己方在做公司介绍时要重点介绍哪些知名企业是己方的长期用户，己方公司为这些企业保证产品质量、降低成本等方面做了哪些贡献；在报价阶段，为了展现己方的真诚，在报价原则上直接报出己方所能给对方降低产品成本的各方面的帮助，为后面的谈判留下足够的空间。

而在议价的阶段，需要重点强调己方可以为对方降低产品成本，毕竟这是对方最关心的事情；在让步策略上，提供己方的专业知识及经验方面作出比较大的让步，即便对方不要求；在知识及经验的传播上我们也应是不遗余力的。

7. 搜集谈判资料

谈判资料的搜集可以由谈判小组的后勤保障人员列出相关信息资料列表，逐一准备，包括背景资料、行业资料、对方信息资料、相关法律资料、相关标准资料、技术资料、产品或服务资料、商务资料、财务资料等。

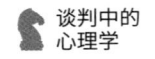

8. 准备合同文本

通常来说，谈判结束后再准备合同是很不好的习惯，毕竟匆忙地准备合同可能会产生遗漏，其中会有考虑不到的地方。不论对方是否准备合同文本，己方都需要做好充分的准备，即便最后是按照对方的合同文本进行合同条款谈判，己方也需要准备合同文本，避免陷入合同陷阱。所以，谈判小组成员的法律专家应起草一份合同文本作为准备，若是谈判进行得顺利，在第一轮谈判结束时双方会基本达成一致，己方应主动提交合同；若谈判不成功，则留待下次使用。

9. 准备一套应急方案

毕竟双方是第一次进行商务谈判，彼此都不太了解。为了让谈判顺利进行，给对方谈判人员留下美好印象，再加上本次谈判是在己方所在地进行，对方代表在许多事情上毕竟不像在家里那样方便。许多意外的事情是我们无法预料的，所以应该考虑得更多、更周全。

在成员方面。若确定的谈判成员因为公司其他事情或个人的原因不能按时到达，应由谁替代？谈判过程中，由于某位成员有紧急事情而不能继续谈判，临时从公司抽调人又来不及，这时应如何安排？

在场地及设备方面。己方考虑的是在酒店会议室谈判，不会像公司那样方便，那必须考虑到电力、设备等故障的应急处理措施，通常这些在签订会议室使用合同时就应要求酒店给出方案。

做足准备，谈判前收集足够的资料

谈判是有关方就共同关心的问题互相磋商，交换意见，寻求解决途径和达成协议的过程。谈判总是以某种利益的满足为目标，建立在人们需要的基础之上，这是人们进行谈判的动机，同时也是谈判产生的原因。简单地说，谈判就是对同一个问题或事情达成一致的协议。不过，商务谈判所需要的语言却与平时所说的语言不一样，谈判是双方的思想交流，除了临场发挥，还需要做好充分的准备。正所谓"不打无准备之仗"，若是毫无准备的情况下就贸然进行谈判，那最终只会败下阵来。因此，日常谈判前需要准备充分而有力的资料，这些资料包括对方的详细情况、我方需要达成的协议以及预想谈判的议程等。

凡事预则立，不预则废。商务谈判前应做足充分的准备，尽管无法保证一定能成功达成目标，不过可以让自己处于有利的处境，保证谈判顺利进行。许多人进行商务谈判都是匆忙上阵，灰头土脸下阵，赢了不知道缘由，败了不知道原因。之所以会出现这种情况就是因为没有进行精心的材料准备，那么，在商务谈判之前我们究竟应该做好哪些准备工作呢？

下面是一些为商务谈判所准备的材料：

了解谈判双方交易的相关情况

1. 双方的分析

我方分析：品牌价值几十亿元，资金雄厚。如今已占据了

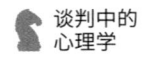

国内南方的市场，现在打算发展北方市场。鉴于北方地区的销售网络建设投资太大，想找一个当地合作伙伴，共同建设生产与销售的机构。这样可以减少投资，分散风险，还可以缩短进入市场的准备时间。

对方分析：与该地区饮料行业关系密切，看好我公司在北方的发展前景，更想借我公司的知名品牌快速提高市场占有率，表示愿意与我方进行洽谈合作。

2. 谈判目标的分析

我方分析：我公司主要的产品是各类饮料，我集团掌握了技术按一定的浓缩比例提供饮料生产必需的核心材料，广泛应用于各类饮料的生产，有效地支持生产商制造优质的饮料产品。公司提供专家级的服务，包括市场建设、质量管理和工程技术咨询。

对方分析：其环境、气候、资源、政策条件适合我方建厂经营。对方有当地政府的政策支持，在北方市场有较强大的销售网络，拥有较为充足的资金。

谈判过程设计及预测

1. 成交目标

建议工厂设计规模至少为年产量1亿瓶纯净水；需对方建厂土地至少30亩；需引进德国全套纯净水生产线，拟定生产设备投资5 000万~8 000万元，设备由我方采购。

……

2. 谈判地点、时间

某市，2011年6月30日

……

在进行谈判之前，我们就应该掌握相当多的资料。首先，应该详细地了解对方的所有情况。俗话说："知己知彼，百战不殆。"只有对谈判的另一方有了较为充分的了解，才能在谈判现场有效地掌握主动权，从而逐步赢得头筹。反之，如果对于对方的情况，你一无所知，那你就只能被对方牵着鼻子走。其次，还需要明确我方需要达到什么样的目的，以及妥协的最低限度。仅仅是了解了对方的情况还远远不够，还需要熟悉自己的情况，因为在谈判中你所做的每一个决定都将以自己的情况作为基础，否则你便不知道自己到底需要达到什么样的目的。最后，还应该预设一个谈判过程以及相应的预测，及时地了解谈判过程中可能出现的问题，提早做好准备，避免正式谈判时手忙脚乱。

谈判心理策略分析：

在准备谈判的过程中，我们还需要注意以下几个问题：

1. 资料越多越好

谈判一方所掌握的资料越多越好，有的谈判者甚至会了解对方谈判代表的喜好，以至于在实际谈判中能够通过交谈影响对方心理。总之，所掌握的信息和资料是永远不能嫌多的，不过在掌握了大量资料之后，需要对资料进行提炼，获得其中精

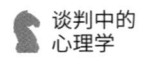

髓的部分。

2. 资料越具体越好

当然,这些资料并不是笼统的,而是需要详细具体,能够清楚地弄明白到底是什么情况,而不是模糊不清,这样你在实际谈判时也就不会吞吞吐吐,或者说不清楚,继而影响到谈判的结果。

3. 搜集和分析情报

在一些招投标项目中,搜集与分析情报至关重要。招标方对于这次招标是如何定义的?是寻求标的物的性价比,还是仅仅要求价格最低,或者是为了照顾关系户?招标方对标的物最在意的是质量、工艺还是价格?这些情报都是需要进行搜集分析的。这就是为什么招投标之前,很多公司会把关键人物集中起来,封闭在一个酒店里,严禁与外界联系。

4. 了解谈判的实质结构

在谈判之前,我们需要对谈判的实质结构加以了解,如本次谈判参加者是谁,头衔分别是什么,性格特点是什么;是在自己地盘内谈判,还是在对方的地盘谈判,或者是在第三方地点谈判。因为谈判的参加者与地点都是谈判的结构,会直接影响到谈判的结果。

第03章 机智应答,绝不给对手留下任何可趁之机

> 与提问相伴的,就是答,问与答构成了人们语言交流的重要形式。实际谈判中的问答,是一个证明、解释、反驳或推销己方观点的过程。一般而言,即便是同样的问题也会有不同的回答,而不同的回答又会产生不同的谈判效果。当然,我们甚至可以说,那些不擅长回答问题的人,根本不会谈判。在谈判中,回答也是需要技巧的。

回答要有理有据,句句中肯

作为谈判者,面对他人的提问,应回答得有理有据,句句中肯而不偏激。不管你遇到的是多么无聊的问题,还是多么让人气愤的问题,在回答的时候,都应遵循一定的理据,说话中肯,如此,才不会失了自己应有的身份与气度。当然,要想回答得有理有据,就应做好准备工作。俗话说:"凡事预则立,不预则废。"我们在回答提问之前应做好准备工作,这样,在正式回答问题的时候,才能应对自如、游刃有余,也才能做到有理有据、句句中肯不偏激。作为谈判者,有可能被问到任何问题,尤其是一些犀利的提问者,经常会问一些敏感又刁钻古怪的问题,如果没有做好充分的准备,那就会直接导致你在提问

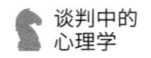

者面前张口结舌，场面会十分尴尬，进而影响到自身形象。

谈判实景：

王先生是一家企业的销售部经理。一天，下属小李来到他的办公室，对他说："我来公司三年了……您看，是不是应该酌情给我加薪呢？"王先生想了一会儿，说道："小李，我知道你在我们部门从跑业务做起，时间已经不短了。你所做的工作报告中，我觉得你提到的那几点都很重要。但是现在的情况是，我们部门离第一次薪金评估还有很长时间，而我个人无法批准薪金评估报告。"

"另外，说实话，我觉得就你现在这份业绩表的内容来说，按照我们部门的薪金评估，这些数据的说服力显得很苍白。现在离年底的评估报告还有一段时间，你可以再努力努力，争取让你手上的那两个大客户跟我们公司签了合约。而且，我们公司最近推出的那个新产品，相信你肯定也能做出点业绩来的，你不妨尝试一下，这样，在年底评估的时候，你就可以做一份比较有说服力的报告给我，到那时，我一定会尽力为你争取加薪。"

面对下属提出的加薪请求，王先生巧妙地为他设定了一个比较实际而又有意义的工作目标，聪明而又不着痕迹地拒绝了他现阶段的加薪要求。在整个回答过程中，可以说是句句中肯，有理有据，并且清楚地向下属表明，加薪要有客观的工作成绩，而他目前的工作成绩还不足以享受更高的薪资待遇。更为重要的是，谈话将负面的拒绝转向为正面的激励，使加薪成为员工努力工作，取得更高成就的动力。

一般来说，我们回答问题的步骤主要有五个，那就是：预见问题，早做准备；倾听问题；确认对问题的理解；辨别问题的性质；认真回答问题。谈判者必须在这五个步骤中牢牢掌握自己的主动权，把握好每一步，才能够沉着、巧妙地回答对方的问题。

谈判心理策略分析：

那么，在现实谈判中，我们该如何做到回答得有理有据、句句中肯呢？

1. 保持清晰的思路

在面对提问之前，必须保证自己的思路清晰。因为只有在自己思路清晰、思维敏捷的情况下，才能对别人提出的问题进行及时、有效地回答。如果在提问之前，你的思绪还是一片混乱，那么当对方突然发问的时候，你就有可能一下子卡在那里，这样就会造成十分难堪的局面，甚至有损你的形象。

2. 不要立即回答

对于一些问题，不一定要立即回答。尤其是对一些可能暴露自己意图、目的的话题，回答时更需要小心谨慎。例如，对方问："你们准备开价多少？"假如时机未到，就不要立即回答，可以找一些借口转移话题，或所答非所问，如产品质量、交货期限等，等时机到了再抛出答案。

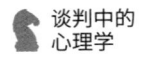

3. 不确切地回答

模棱两可、弹性较大的回答有时非常需要。很多谈判专家认为，谈判时针对问题的回答并非是最好的回答。我们在回答问题时要明白该说什么和不该说什么，不必考虑所答的是否是准确的。例如，对方问"你们打算购买多少"，假如考虑到先说出订数不利于讲价，那么可以说："这要根据情况而定，看你们的优惠条件是什么？"

4. 以借口搪塞过去

在许多场合里，提问者会采用以连珠炮的形式提问，这对回答者非常不利，尤其是当对方有所准备时，会诱使我们落入其圈套。所以，要尽可能使对方找不到继续追问的话题和借口。那我们在回答时，可以找一些客观理由，如"我们交货延期，是因为铁路运输……许可证办理……"，不过不用说自己公司方面可能出现的问题。

不是所有的问题都必须回答

一般来说，好的拒绝应表现为拒绝对方的问题，但不要拒绝对方的人。这就是说，应该明确无误地拒绝对方提出的问题，使对方明白自己所提出的问题被拒绝了，但是要委婉妥当地善待对方的情感。例如，在拒绝了别人提出的问题之后，你可以再表述自己的同情、理解或歉意。有的谈判者在拒绝回答对方提问的时候，由于担心伤害到对方的感情，讲话就吞吞吐吐、躲躲闪闪，让人不明白自己的问题到底是被拒绝了，还是没有被拒绝。这种很模糊的答案一般不可取，有时候还可能给自己惹麻烦。

谈判心理策略分析：

当然，拒绝回答别人问题的方法有很多，下面我们简单地介绍几种：

1. 顺势诱导

有时候，面对一些你不想回答的问题，你可以顺势诱导，巧妙地拒绝对方。

罗斯福当美国总统前，曾在海军担任要职。一天，一位朋友问起海军在加勒比海一个小岛建立潜艇基地的计划。

罗斯福向四周看了看，压低声音问："你能保密吗？"

"当然能。"

罗斯福笑着说："你能我也能。"

罗斯福先是顺势诱导，再进行巧妙地拒绝，他明确地表明了不想回答这个问题，不想把机密告诉那位朋友。

2. 肯定、否定并用

有时候对方所提出的问题有一定的合理性，但由于某些原因又无法予以回答。此时你可以用肯否并用的方法，先肯定对方问题的合理性，然后拒绝对方提出的问题。这种语言表达形式经常是转折关系的复句或句群。

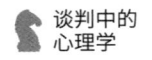

一位下属和李主任说："我来当你的助手应该是可以的吧，你看我能够胜任吗？"事实上，李主任现在并不需要助手，但是他也不能打击下属的积极性和自信心。

于是，李主任笑着说："你的确很优秀，是个人才。只是目前我不缺助手，真是对不起。"

李主任先肯定了下属的能力，赞扬了下属的品质，然后进行有效的拒绝，不正面回答"是否胜任助手"这个问题。

3. 重复已知

有时候，谈判者面对别人提出的问题不想回答，就可以采用重复已知信息的方法进行拒绝。

《世说新语》里有这样一个故事：大将军钟会慕名去拜访名士嵇康，嵇康自顾打铁，不理睬钟会。钟会站在一旁看了一会就走了。见钟会要走，嵇康就问："何所闻而来，何所见而去？"钟会答曰："闻所闻而来，见所见而去。"

钟会的回答重复了嵇康问题中隐含的信息，这就是一种有礼貌的、委婉的拒绝。例如，有的领导在碰到下属时问道："昨天你到某某家里干什么？"下属可以顺势回答："我去有点事。"

4. 沉默而又微笑地拒绝

有时候，谈判者在面对一些不必问答的问题时，可以适时地沉默拒绝，但是千万不要板着一张冷冰冰的脸，而应该微笑地看着对方。用你的无声语言告诉对方，这个问题你不想回答，也没有必要回答。

但是哪些问题是不需要回答的呢？大致来说，就是那些涉及企业内部机密的问题，那些无关紧要的小问题，还有就是谈判者自身的私人问题。谈判者在面对他人提出的那些不需要回答的问题时，就可以用巧妙的方法拒绝。

表示认同和理解，激发心理共鸣

俗话说："有问必有答。"假如说提问是贯穿整个谈判过程中的关键组成部分，那与之相伴的应答也享有同等的地位。因为谈判在某种程度上具有强烈的针对性，所以回答在谈判中也显得非常重要。在谈判中，回答是为了更好地互通信息，将自己的想法和不满借助别人提问的机会巧妙地表达出来；将对方提出的问题给予回答，可以达到加深情感、解决问题、提升沟通质量的效果。

在实际谈判中，有时候我们所面对的问题难以回答。在现实生活中，我们该如何回答这些问题呢？

谈判心理策略分析：

1. 预见问题，早做准备

高明的谈判者在接受他人提问之前，都会做好充足的准备。我们在对整个事情有了深刻了解、整理出自己的观点和看法的基础之上，还应该有预见性地发现问题。当你掌握了大量的资料和情况之后，你就可以借助自己的看法，提出一些有代

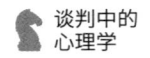

表性的问题。因为,你所预见的问题有可能就是对方对你的提问。另外,还应该预见他人提出的一些不友好的问题,提前做好相应的应对措施。

2. 倾听问题

当谈判者已经做好了准备工作,面对对方时,就应该倾听问题了。这就需要积极营造一个使对方主动提问的氛围。谈判中在倾听问题的时候,我们需要态度认真,精神专注。

谈判者听取他人提问时的态度,对提问者的情绪有很大的影响。这就需要谈判者保持态度认真、精神专注,这样提问者会感到对方是重视他的提问的,从而会把自己的提问毫无保留地说出来。有的谈判者在面对他人提问时,显得心不在焉,一会儿打个电话,一会儿向别人交代事情,一会儿插进与提问不相关的问题,这样会让提问者感到不被重视,他就有可能向你提出一些报复性的恶意问题。

3. 确认对问题的理解

谈判者在倾听问题的过程中,需要重新确认对问题的理解。有了对问题的正确理解,才有可能更好地回答问题。另外,还要注意把对方所提的问题完全听完之后再回答,这一方面可以为自己整理思路争取一点时间,另一方面使自己有个整体的判断,并及时辨别该问题的性质。千万不要只听了前面半截就开始回答,这有可能会掉进提问者设好的圈套里。

4. 辨别问题的性质

谈判者在面对他人的提问时，应该快速整理一下这些问题，确认对这些问题的理解。这其中就包括谈判者要仔细分辨哪些问题是不需要回答的，哪些问题是需要重点、详细回答的，哪些问题是不友好的，与此同时，你也要及时想出对策。在制订回答问题的方案中，有些问题听起来似乎有道理，但实际上是恶意的提问。谈判者必须善于识别这些恶意的提问，并根据这些提问的不同性质，采取恰当的方法，予以正确的回答。总之，谈判者在面对那些不友好的问题时，一定要冷静，仔细分析，明确突破口在哪里，以及需要采取什么样的回答技巧，才能够打压提问者的嚣张气焰。

5. 用不同的方式回答问题

为了不让提问者的积极性受挫伤，能够持久地保持下去，谈判者需要对提问者的问题进行回答。不管是那些不必回答的问题，还是那些不友好的问题，你都可以采用不同的方式进行回答。对那些重点回答的问题，你应该认真回答，清楚地表达自己的意见和看法。面对那些不必要回答、不友好的问题，则应该采取灵活的方法，或是避实就虚，或是避其锋芒，或是沉默而又微笑地拒绝。

回答问题的这几个步骤都十分关键，这也要求谈判者熟悉每一个环节，把握好每一个环节，这样才能够占据谈判的主导地位，使自己变被动为主动，更加全面地回答提问者的问题。

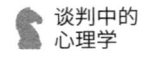

反问式应答，再将难题抛给对方

在谈判过程中，我们免不了会遇到别人提出的一些问题。而这些问题有些是不友好的，有些是没有必要回答的，而这时候就需要我们拒绝回答这些问题。但是很多人都有这样的体会，别人对你提出了某个问题，出于理智的考虑应该拒绝回答，但是出于某种交际的缘故，直接拒绝回答又会破坏彼此之间的愉快气氛，而且也有损自己的形象。不可否认，我们不希望因为拒绝回答问题而使交谈陷入困境，使对方感到不快。但是，在很多时候，直截了当地拒绝对方的问题，效果不佳。因此，我们有必要学习使用一些正确而巧妙的拒绝方法，既能达到不回答问题的目的，又能不使对方感到难堪。这时候，不妨巧用反问，将难题返还给对方，使自己解脱出来。

谈判实景：

徐稚是南昌人，他11岁的时候与太原的郭林宗一起游学。有一次，他们一起回家，看见郭林宗家里有一棵树，郭林宗想将这棵树砍了，他说："宅中有树，犹如口中有木，成了不吉利的'困'字。"当时，只有11岁的徐稚回答说："如果宅中不能有树的话，那么宅中也不能有人，口中有木成了'困'字，同样口中有人成了'囚'字。如果说'困'字不祥，那么'囚'字又有什么不同呢？"问得郭林宗无言以对。

在上面这个案例中，徐稚反驳的是郭林宗话语中的观点，只有11岁的徐稚通过一个反问就将郭林宗的观点给反驳了。另外，在日常交际中，谈判者有可能遇到一些咄咄逼人的提问，或许问题是属于机密不能泄露，或许此问题太敏感以至于无法作出正面回答。那么，如何既能巧妙地避开这些话题，又能让自己成功地摆脱尴尬境地呢？这时候，不妨巧用反问，通过这个巧妙的方法，你可以原封不动地将这个难题抛给对方。

反问是不需要回答的问题，答案就在问话之中，是对对方的问话的否定。当自己不能回答对方所提出的问题时，整个话题就陷入了窘迫的境地。这时，我们应该采取反驳式的回问，将难堪的问题抛给对方，自己则能成功地从难堪境地中解脱出来。一般而言，反问有三种情况：一是回击对方刁难、攻击自己的话语，二是反驳对方的人品，三是反驳对方话语中提出的建议。其目的在于帮助自己摆脱尴尬，同时巧妙地将难题返还给对方。

有时候，当对方提出一些涉及机密的话题时，我们可以先顺着话题提出一些条件性的问题，诱导对方落入圈套，再提出反驳的问句，最终，他也会否定了自己的问题。面对别人所提出敏感话题，也可以选择巧妙闪避，绕开实质性的话题，这样，我们就能轻松地避开那些敏感的或者是不想回答的问题。

其实，反问是用疑问的形式来表达所确定的内容。运用反问能够增强语势，把原来肯定的意思表达得更鲜明，不容置疑，这样的表达方式比正面回答更能产生力量。反问把答案寓

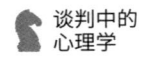

于问句之中，而它所表达的思想内容与句子的表面意思相反：如果语句表面意思是肯定的，那么思想内容则是否定的，反之亦然。

谈判心理策略分析：

1. 将问题原封不动地抛给对方

有时候，对方会问一些让谈判者不知道该如何回答的问题，这时候，如果谈判者真的不知道该如何回答，就不妨将这个问题原封不动地还给对方。例如，对方会问："听说你们公司即将倒闭了，这是真的吗？"这时，你不妨反问："我不清楚这件事情，你知道具体是为什么吗？我还希望你能给我说说呢。"一下子就会将对方说得哑口无言。

2. 打"太极"

如果对方想问的是某些关于自己的隐私问题，不妨打打太极，故意模糊对方的问题，转移话题。例如，对方会问"你一年的收入大概是多少"，你可以模糊回答"如果我想去全国旅游，应该是没有问题"，至于这趟旅游的花费到底是多少，你不知道，他更无法知道了。

3. 诱导对方自己否定自己

有时候，对方会提出一个不可思议的问题，而你又不知道该如何回答他，这时，不妨诱导对方自己否定自己。例如，拿破仑曾对自己的秘书说，"布里昂，你知道吗？你也将永垂不朽了"，秘书不理解，拿破仑说，"你不是我的秘书吗"，布里昂明白了,笑着反问,"请问,亚历山大的秘书是谁",如此一个反问,使得拿破仑否定了自己之前的论断。

回答时态度诚恳,让对方觉得你值得信任

在实际谈判中,我们要想与对方成为朋友,就要学会分享他的思想和情感;要想对方能够敞开心扉,就需要解除他的心理防线。尤其是在提问的过程中,我们要给予那些回答问题的人及时的反馈,制造出共鸣,表达对对方回答的理解之情。绝大多数人在面对陌生人的时候,都会不由自主地在心里建立一道心理防线,内心充满戒备和冷漠。但是,如果你能够让对方感觉你们是同等位置的人或者正好你们的喜好、兴趣都是相似的,那么在你们之间就会产生共鸣。他会觉得你是可以信赖的朋友,是可以谈心诉苦的朋友,自然就会对你敞开心扉。

谈判实景:

伊丽莎白·洛亚科是一名澳大利亚人,她采用分期付款的方式买了一辆车。但是由于种种原因,她已经有六周的时间没有按合同交款了。一个星期五的上午,负责洛亚科买车付款账户的一名男子给洛亚科来了电话,他在电话里愤怒地告诉洛亚科,如果下周一上午不把钱交上的话,他们将采取进一步的行动。刚好又是周末,洛亚科没有筹到钱。于是这名男子星期一在给洛亚科的电话里说了很多难听的话。当时洛亚科先真诚

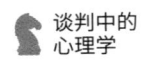

地道歉，说真的是给他带来了很大的麻烦，而且因为自己六周没有付款，一定是客户中最让他头疼的。这名男子听了洛亚科这一番话后立即改变了态度，说洛亚科并不是最让他烦心的，并且还举了几个例子来说明。他说有一个客户经常撒谎，还躲着不见他，还有的非常不讲理。洛亚科没有说话，只是静静地听，让他把心中的不快都说出来。最后，还没有等洛亚科提出什么要求，这名男子就主动说如果洛亚科不能马上交还欠的钱也可以，只要洛亚科在本月底先付给他20美元，然后，在她方便的时候再把其余的钱交给他就可以了。

在谈判过程中，人与人沟通是很难在一开始就产生共鸣的，尤其是当我们试图说服对方或者对他人有所求的时候，可是，如何从中寻求共鸣呢？共鸣是一种强烈的心理感应，意味着双方之间有共同的心理体验。所以，当对方在回答我们所提出的问题的时候，我们需要及时给予反馈，表达出对对方回答的理解之情。

谈判心理策略分析：

洛亚科真诚地道歉后，双方谈话的气氛开始发生了变化，洛亚科开始并没有为自己争辩什么，而是表达出自己的理解之情。那位男子语气也开始变化，他发了自己的牢骚后，居然也没有继续追问付款的事情，而是设身处地地站在洛亚科的角度上，又给洛亚科宽限了数日，这样，双方都愉快地结束了谈话。

1. 站在对方的角度想问题

如果我们在听取别人回答的时候，能从对方的观点去想，站在别人的立场分析问题，就能够得到对方的认可和信赖，并促使整个谈判走向圆满。通过换位思考，我们可以感同身受地体会他人的难堪、苦恼，因此，在谈判过程中，我们希望得到他人的支持，希望别人能感受我们所感受的，最好的办法就是让对方站在自己的立场上看待问题。这样，他就能真切地感受到我们所面临的困难，自然而然就会全力支持我们。

2. 重复对方回答中的某些话语

当我们提出问题之后，对方一定会针对我们的提问做出一些回答，这时我们应该仔细倾听对方的回答，并适当重复这其中的某些话语，表达出自己的理解之情。这样，对方就能感觉到我们内心的真挚，自然会对我们产生好感。

回答点到为止，给对方留下想象空间

沈嘉禄曾经说："不经意的修饰如果点到为止常常有出奇制胜的效果；刻意的追求一旦过度就难免会弄巧成拙。"在日常谈判中，面对对方的提问，我们不需要长篇大论地阐述问题，在很多时候，回答不必全面，只需要点到为止即可，这样才能让对方感到醍醐灌顶。虽然，面对对方的提问，我们偶尔需要坚守"有问必答"的原则，但并不是说只要是对方提出的

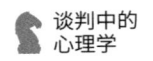

问题，你就需要全面地回答，把什么问题都说清楚。作为谈判者，在回答问题的时候，应该给对方留一定的思考空间，针对问题说到几个关键处，其余的部分应留给对方自己去想。

针对对方的心理需求，我们更应该明白回答应点到为止，说话留三分，让对方自己去想明白，这会让他感受到一种醍醐灌顶的畅快，使他对你拥有的智慧及能力绝对地敬佩。因此，在回答对方问题的时候，千万不要想到哪里说到哪里，更不能信口开河，一开口就像是打开了话匣子，没完没了。明明是三两句就能说明白的，却要固执地说上一个小时，这样，只会让对方感到厌烦，而且，他也会质疑你作为谈判者的能力以及口才。

对于对方的问题，并不是回答得越清楚越好，而是越简短越高明。在电视中，我们经常看见寺庙里的高僧只不过说了几个字，但听者却说"真让我有种醍醐灌顶的感觉"。本身，醍醐灌顶就是指听了高明的意见，使人深受启发。所以，作为谈判者，应该深知其中的道理，对于很普通的问题，三言两语就点破，其余的留给对方自己去想，这样，才能彰显出谈判者的风采与魅力。

谈判实景：

最近，部门里的员工老是追着询问张经理关于人事调动的问题，这不，小王又去办公室了，向张经理问道："这次人事变动到底会怎么样呢？"张经理回答说："小时候，我曾经去拜访过一个农夫，我问这个农夫：'你的母牛是不是纯种的？'他说不知道，我又问：'这头牛每个星期可以挤出多少牛奶呢？'他也说不知道。最后，他被问烦了，就说：'你问我的我都不知道，反正这头牛很老实，只要有奶，它就会给你。'"说着，张经理笑了，对小王说："我也像那头牛一样老实。"小王摸摸自己的额头，明白了，原来经理是想告诉自己，有什么新的变动，他会主动告诉自己的。

面对下属的提问，张经理没有正面回答，而是讲了一个故事，就将问题的答案留给下属，让下属自己去思考。原来，他想告诉下属：你们没事就别紧追着我问，反正我有消息一定会给你们的嘛！如此点到为止，既得体地表达了自己被下属紧紧追问的反感，又照顾到了下属的面子，为上下级沟通营造了良好的氛围。

谈判心理策略分析：

1. 寥寥数语，点破即可

对某些问题，对方可能难以明白，这时我们不能事事俱细，更不能像保姆一样大包大揽，什么事情都说得明明白白。你把什么都说破了，那对方还用思考吗？所以，面对对方所提出的问题，只需寥寥数语，点破就可以了。

2. 点到为止，才是高明之处

说得越多，自己的信息就暴露得越多，在回答对方问题的时候，我们只需点到为止即可，这才是高明之处，不宜太全

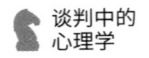

面，这样反而显得自己并不高明。同时，你说得越多，解释得越清楚，反而会给对方一种找不着北的感觉，又或者，万一你说错了怎么办。所以，凡事点到为止，这才是高明之处。

第04章　察言观色，看穿对手内心点点滴滴

> 很多时候，我们会发现，那些所谓的谈判高手能在看似毫无希望的谈判中扭转乾坤，提高自己的声誉。其实，这些谈判成功的前提条件均是识破对手的心理，这样，才能够在谈判桌上无往不胜。本章我们就列举了方方面面的识人术，教你如何在短短半分钟之内成功识破对手的心理，从而成为一名高明的谈判专家。

识别声气，听懂对手给予的心理暗示

人的声音包含各种要素，声调是很重要的要素之一，说话的声调即声和气的综合。通常情况下，那些说话声气比较洪亮的人，往往具有某种权威性，能达到控制场面的目的；反之，那些声气比较弱小的人，由于其声气太轻太小，以至于人们需要更加集中注意力才能听清楚。那么，影响声气的因素有哪些呢？如果我们在说话时采用鼻子产生共鸣，那么，所发出的声音会给人一种傲慢的感觉；反之，若是采用胸腔来产生共鸣，则会使声气变得强而有力。此外，说话速度也会影响到一个人的声气，一般而言，说话速度太快的人，个性比较暴躁，说话语序混乱，给人的印象比较粗鲁；说话速度不紧不慢的人，个

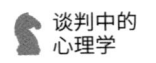

性沉稳，做事经过深思熟虑。总的说来，一个人的声气会暗示他的心理状态，在日常谈判过程中，我们都可以从声气中识人，从对方的声气中辨别出对方此时此刻的情绪及性格特征。

孔子去齐国途中，听到一阵十分悲哀的哭声，于是对弟子说："这个哭声虽然很悲伤，但不是悼念死者的哀声。"随后，孔子下了车，问起哭泣者的名字，他说他叫丘吾子。孔子又问："这里不是悲哀的地方，你为什么哭得这么悲伤呢？"丘吾子长叹一声，回答说："我一生有三大过错，现在年老了才深深觉悟到，追悔莫及，因此痛苦。"

孔子不明就里，便一再追问，丘吾子才说："我年少时爱好学习，周游天下，等回来时我的父母都死了，作为儿子竟不能为父母养老送终，这是第一过失；我做齐国臣子多年，齐君现在奢侈骄横，我多次劝谏都不被采纳，这是第二过失；我生平交友无数，不料到后来都绝交了，这是我第三大过失。树欲静而风不止，子欲养而亲不待。去而不回的，是时间；不能见到的，是父母。我是个失败者，还有什么脸面活在这个世上？"说完，丘吾子便投水而死。

一个人到了因悲伤而自杀的地步，我们可以想象他所处的情境是如何得悲惨。而孔子正是从其"唉声叹气"的声气中识别出丘吾子的哭声不是为了悼念死者，而是另有原因，这里不难发现孔子的识人之能。

谈判心理策略分析：

在实际谈判中，我们可以就不同的声气，来辨别其言语里的暗示语。

1. 轻声细气说话的人

在与人交谈时，这种声气可以有效缩短人与人之间的感情距离，拉近彼此之间的关系。这主要是因为，轻声细气说话的人常常会给人一种谦恭、谨慎与文雅的印象，这无疑会引起对方的好感。而且有时候，它还能避免一些因为语言不当而引起的麻烦。当然，如果用它来公开坚持意见、反驳别人或者维护正义和尊严，则是不恰当的。

2. 和声细气说话的人

"和声细气"这种声和气，就像是小河里的涓涓细流，轻松自然、和蔼亲切、不紧不慢，能给对方一种舒适、友好、温暖的感觉。人们以"和声细气"的声气说话，常常是请求、询问、安慰、陈述意见的时候。

另外，和声细气地说话，可以展现出男性的儒雅和女性的阴柔之美。如果是"和声细气"说话的男人，他必定是厚道、宽容的；如果是"和声细气"说话的女人，她肯定是温柔、善良、善解人意的。

3. 高声大气说话的人

人们用"高声大气"的声气来强调某件事情，或者是表达自己内心的激动情绪。"高声大气"通常用来表示极度的兴奋

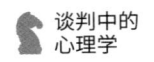

或者激情澎湃的情绪，同时也能表现出说话者的性格，一般来说，这样说话的人大多富有激情，十分粗犷豪放。

例如，《三国演义》中的张飞，他说话就是高声大气的类型，尤其是在长板桥之战，曹操带领大军追赶赵云。张飞骑着马站立桥头，怒目圆睁，厉声大喝："我乃燕人张翼德也，谁敢与我决一死战！"声音如雷，吓退了曹军。

不同气质的对手，有不同的应对策略

何谓气质？从心理学上说，气质就是表现在心理活动的强度、速度、灵活性与指向性等方面的一种稳定的心理特征。主要表现在情绪体验的快慢、强弱，因此，通过气质，我们能够了解一个人的心理活动。当然，气质与我们常说的"脾气""性格""性情"是差不多的。不过，在日常交际中，气质更多地表现为人格魅力，如修养、品德、行为举止、待人接物等。不同的人，有不同的气质，有的人高雅恬静，有的人温文尔雅，有的人豪放大气，有的人不拘小节。在日常工作中，我们会接触到不同的客户，而那些不同的客户身上会展现出不同的气质特征，如果我们能识别客户的气质特征，再逐一对应，那对于我们与客户建立融洽的谈判关系很有帮助。对此，心理学家结合了大部分人的气质特征，并将其分为四种：胆汁质、多血质、黏液质、抑郁质。在这四种气质特征中，都有其鲜明的特征显现，如敏感孤僻的抑郁质，情绪粗狂的胆汁质等。我们在与对手接触的过程中，通过观察其言行举止，就可以判定对手是属于何种气质特征。

谈判实景：

双方的谈判代表进入了会客室，王总吩咐服务员将沏好的茶端上来。不一会儿，服务员将热腾腾的茶送了进来，不料，正要放在桌上的时候，却一不留神，脚下一滑，身子一斜，热茶洒了出来，有几滴滚烫的茶水溅到了坐在桌前的谈判代表张总身上。王总身边的小柯想上前整理，王总却示意他坐着别动，王总想看看那位张总会有什么反应。

出人意料的是，张总只是用桌上的纸巾擦了擦衣服，面对服务员的连连道歉，他面带笑容，好像什么事情都没发生过，反而关切地问道："小姐，你没事吧，下次可要小心了！"服务员点点头，这时，王总才站起来身来："张总，没什么事吧？"张总回答说："只是小事，小事，我们赶紧进入正题吧。"王总心中一动，看张总这样的表现，应该是情绪丰富的多血质，这样的人善于交际，容易适应环境的变化，做事很灵活，不过，内心比较骄傲。有了这样的认识，王总笑了，他知道下面该如何去应付这位谈判"对手"了。

对服务员无意中的错误，张总始终面带微笑，表现得异常平静，而如此的表现正与情绪丰富的多血质相对应。没想到，谈判过程中发生的一件小事，却能成为王总识破对手气质特征

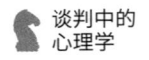

的突破口。

一般而言,胆汁质的人情绪比较粗狂,多血质的人情绪丰富,黏液质的人情绪贫乏,抑郁质的人多愁善感。那么,如果这样的四种人遇到了相同的事情,会如何表现呢?对此,苏联心理学家进行了研究,以"看戏迟到"为特定情境,发现这四种人都有不同的行为表现:胆汁质的人很生气,与检票员争吵了起来,甚至想推开检票员,冲过检票口,直接跑到自己的座位上,他们一边吵架一边埋怨戏院的钟走得太快;多血质的人看到检票员不让进去,就悄悄地跑到楼上,自己寻找到一个位置来看戏剧表演;黏液质的人心想,反正第一场不怎么好看,还是先到外面待一会儿,等休息的时候再进去;抑郁质的人对此闷闷不乐,没想到头一次来看戏,就这样倒霉,垂头丧气的他干脆回家了。

谈判心理策略分析:

其实,在这四种气质特征的人身上都是有迹可循,有特征供识别的。下面,我们就简单地介绍这四种常见的气质特征,希望你可以借鉴一二,以此识别不同气质特征的对手。

1. 胆汁质

这类人有着较强的反应能力,且反应速度很快。他们在情感与行为上若是有强烈的体验,就会表现得异常明显。他们性格开朗、乐观,待人热情,为人直率,不过,脾气比较暴躁,喜欢争强好胜,容易意气用事,在冲动之下往往会作出一些错误的决定。他们有着较强的精力，往往以最大的热情与精力投入工作中，不过，在工作中偶尔会缺乏耐心。他们思维灵活，不过，理解问题多是粗粗略过，不够细。

2. 多血质

这类人情感与行为来得比较快，去得也比较快，个性温和，感性大于理性，善于交际，很容易适应新的环境。其语言表达很有感染力，姿态多样，面部表情丰富，个性比较外向。聪明机智，思维灵活，不过，对于某些事情，他们不愿意问个清楚、明白。而且其注意力与兴趣很容易转移，不稳定，做事缺乏毅力。

3. 黏液质

这类人情感与行为反应迟钝，缺乏应有的灵活性。情绪稳定，没有太大的波动，即使心中有情绪，他们也不轻易外露，即使遇到了难过的事情，他们也不动声色，一个人默默承受。其注意力与兴趣比较稳定，难以转移。他们喜欢思考，有较强的自制力，能够控制自己。他们平时沉默寡言，办事谨慎细微，不冲动，不鲁莽。不过，其适应能力较差，常常活在自己狭小的空间里。

4. 抑郁质

这类人情感与行为反应缓慢，感性大于理性。他们多愁善感，感情内敛而不外露，喜欢想象，机智聪明，有着敏锐的观察力，能够察觉到别人察觉不到的东西。但是他们意志力薄

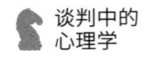

弱，胆小怕事，做事优柔寡断，在失败后往往心神难安，对人际交往比较冷漠，个性孤僻。

观察对手的微表情，洞悉对手内心

早在古代，就有占卜看相的说法，大致的方法是凭着一个人的面部特征、相貌来预测其命运，或者只凭一个人的眉毛形状来下定论。其实，在科技日新月异的今天，这样所谓的相学是不科学的，毕竟，仅凭一个人的眼、眉、耳、鼻的形状以及位置等脸部特征，是很难判断出一个人的心理的。然而，若是运用现代心理学，通过一个人的面部表情来判断对方的心理，如此识人心术就能准确地读出他人的心理。这样一种识人心术可以很好地运用到交际场上，尤其是我们所需要面对的对手。例如，在商业谈判中，要想紧紧地抓住谈判主动权，我们就需要了解对手是一个怎样的人，他的心里到底在想些什么。这时，他的面部表情会泄露一些秘密，如果我们能恰当地识破那些秘密，那么，我们就已经胜券在握了。

谈判实景：

这天，王明接到了通知，下午要与一个大公司的客户进行商业谈判。当然，王明并不是谈判代表，仅仅是陪同而已，真正的谈判代表是公司总经理李兵。

下午，王明忐忑不安地跟着李总走进了会客室，客户已经到了。彼此寒暄了几句，就进入了正题。王明忍不住看了对方一眼，发现他脸上面无表情，冷冰冰的，似乎不带一丝情绪。他心一紧，好像真的碰到对手了，可怎么办呢？他抬头看了看坐在身边的李总，发现一向笑脸迎人的李总居然也板着一张脸，王明纳闷了：这是怎么了？两个人是仇人吗？随着谈判的进行，两人都面无表情地谈论着一些合作细节，不到一小时，两人就签订了合同。

客户走了之后，李总呼出一口气，整个人显得格外轻松，脸上也露出了笑容。王明不解地问："李总，刚才，你们干嘛都板着脸？这样的谈判怪吓人的。"李总笑着解释："这位客户面无表情，想必是一个缺乏人情味的人，跟这样的客户交谈，我笑得再多也没用，还不如跟他一样，面无表情，这样一来，他会觉得跟我是同类，自然就没有招架之力了。"

李总通过客户的面部表情判断对方是一个缺乏人情味的人，对付这样的人，需要自己保持同样的表情，如此，才能打破其心理防线，最终达到谈判成功的目的。有人说："表情比嘴巴更会说话。"有时候，我们仅凭着一个表情就能揣测出对方的心理。从心理学上看，表情是动情的一种反映，而动情则是一个人感情、意志等内部的心理活动。因此，只要我们仔细观察对方的面部表情，就可以读懂对方的心，再对症下药，达到自己谈判的最终目的。

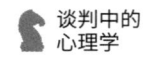

谈判心理策略分析：

如何才能从那些细微的面部表情中读懂对手的心呢？

1. 表情丰富且喜欢笑的人

有的对手表情丰富，而且经常会露出笑容。这样的人有着良好的人际关系，善于处理人与人之间的关系。而其善意的笑容时常给人以亲近的感觉，他们属于容易亲近的类型，性格大多外向，比较容易沟通。即使碰到不合的想法，他们也会详加考虑，喜欢为他人着想，与这样的人谈判，不得不说是一次愉快的沟通。

2. 面无表情的人

有的对手在谈判的时候，即使面对面也绝不露出一点面部表情，无论心情是好还是不好，他都不会表现出来。他们在人际关系中比较冷漠，个性比较内向。在整个交流过程中，他们呈现出来的是一张没有表情的脸，对于感情正常的人来说，与这样的人交流是一件痛苦的事情。甚至他在说谎的时候，他也是面不改色的。

面对这样的对手，需要如何应付呢？我们也要掩饰自己的真实表情，以同样的面无表情的一张脸对待他，如此才能使对手无招架之力。

3. 表情善变者

有的对手会随着感情的变化而表情多变，时而喜悦，时而遗憾，时而气愤，其内心的感情变化会毫无保留地表现出来，这就是表情善变者。一般而言，表情丰富算是比较积极的心理，但是，对于表情善变者来说，却不是这样。因为，大多数人都会习惯性地隐藏自己的某些情绪，像这样毫无顾忌地表现出来的人，却是另一种心理状态。这样的人大多自私自利，唯我独尊，只要一点点不符合自己的意愿，他们的表情就会大变。面对这样的对手，如果他的表情开始变化，那么，你不妨先认同其想法，适当附和，等他情绪稳定下来之后再慢慢交流意见。

从声音入手，听出对方的话外音

如何听出谈判对手的"弦外之音"？对此，曾国藩说："辨声之法，必辨喜怒哀乐。"一个人的七情六欲，喜怒哀乐都可以从声音中听出来。所谓"话由心生"，心境不同，发出的"声"也会有很大的不同。在谈判过程中，我们时常会遇到这样尴尬的场面：对方明明是一张笑脸，却转眼变成了黑脸。究其缘由，就在于我们没能适时听出对方的"弦外之音"。有时候，谈判场合语言的交流相当于一场没有硝烟的战争，彼此都是心照不宣，但为了保持一种良好的风度，却又不能直接表露出来。于是，那些看似平静的言辞之中，往往隐藏着刺儿。如果你稍有不慎，就会被对方的弦外之音所伤害，使自己处于一个被动的境地。所以，与人谈判，我们要留意对方的声音，

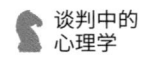

学会听懂对方的"弦外之音"。

吕不韦命人编撰好《吕氏春秋》后,召集了包括李斯在内的很多人举行了一次盛大的聚会。吕不韦面带笑容,慷慨言道:"东方六国,兵强不如我秦,法治不如我秦,民富不如我秦,而素以文化轻视我秦,讥笑我秦为弃礼义而上首功之国。本相自执政以来,无日不深引为恨。今《吕氏春秋》编成,驰传诸侯,广布天下,看东方六国还有何话说。"字字掷地有声,百官齐声喝彩。

之后,吕不韦召士人出来答谢,吕不韦也坦然承认,这些士人是《吕氏春秋》的真正作者。李斯发现那些士人精神饱满,神态倨傲,不以满殿的高官贵爵为意。在他们身上,似乎有着直挺的脊梁,张狂的血性。当时的《吕氏春秋》中记载:"当理不避其难,临患忘利,遗生行义,视死如归。""国君不得而友,天子不得而臣。大者定天下,其次定一国。""义不臣乎天子,不友乎诸侯,得意则不惭为人君,不得意则不肯为人臣。"

李斯看着那些强悍的将士,聪明的他猜出了吕不韦的弦外之音:"哪怕有一天我吕不韦失去了天下,但是只要有这些英勇的将士,谁也别想轻视我。如果你想和我作对,还是好好考虑再作打算吧。"于是,李斯当即陷入了沉默,不再言语。在这里,吕不韦虽然是笑容满面,声音也很正常,但是那平稳的语调中,却透露出一种胁迫的力量。

第04章
察言观色，看穿对手内心点点滴滴

谈判心理策略分析：

《南史·范晔传》："吾于音乐，听功不及自挥，但所精非雅声为可恨。然至于一绝处，亦复何异邪？其中体趣，言之不尽，弦外之意，虚响之音，不知所从而来。"通常情况下，那些隐藏在话语里的"弦外之音"是不会轻易地被发现的，它只是在话里间接地透露出来，而不是清晰地表达出来，它有可能隐藏在语调里，有可能隐藏在音色里。这就需要我们在与对方进行语言交流时，仔细揣摩出话语里的弦外之音，如此才能清楚对方想表达的真实意图是什么。

1. "温柔"地反击

女记者对丘吉尔说："如果我是您的妻子，我会在您的咖啡里下毒药的。"丘吉尔温柔地看着她说："如果我是你的丈夫，我就会毫不犹豫地把它喝下去！"在这里，丘吉尔的声音里一点也没有生气的情绪，反而是温柔地告诉对方自己心中所想。

有时候，在与他人的语言交流中，如果我们在言语上触碰了对方的伤痛，这时，对方还是以平静而温柔的声音回答我们，我们就应该留意对方话里是否藏有"利剑"。当然，并不是指所有温柔、平静的声音里都藏有弦外之音，话中是否还有别的意思，这需要我们根据语言交流的进程来猜测。

2. 犀利的语调

有的人本身不善于隐藏自己的情绪，一旦被话语击中，他

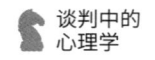

会毫不犹豫地进行反击。这时，对方心中愤怒的情绪已经反映在其犀利的语调中了。面对言辞犀利的对手，我们不妨采用一些方法进行回击。

当然，这也需要我们掌握一些语言上的技巧，或者是话里有话地答复对方，或者是用自嘲的方式来使自己摆脱困境。你在措辞的时候，一定要注意即便是回击也要不着痕迹，不要伤害到对方，在对方面前，你应该保持一个谈判者应该有的胸怀和气度。

谈判时指手画脚的对手，通常好胜心强

在日常工作中，我们经常看见有的对手在说话的时候，喜欢指手画脚，而且，他所做出的动作幅度很大。他们之所以喜欢指手画脚，是因为内心强烈的好胜心的无意显露。他们总认为对方会听不懂他的语言表达，如此，他希望依靠自己的手势来补充一些内容。不过，如此说话会给人留下一种不够理性、情绪容易激动的印象。而且，在谈判这样的场合，还会给人一种很不礼貌的感觉。不过，若是对手在说话时总是指手画脚，那么，我们要明白在他夸张的手势背后，有着较强的好胜心。对这样的对手，我们需要做好充分的准备，以其好胜心为诱饵，巧妙应对，使他降服于自己。一般来说，这一类指手画脚且动作幅度大的人感情比较丰富。这种人总是急于表达自己的

情感，宣泄自己的情绪，往往忽略了他人的感受，是属于个性较为强势的人。

谈判实景：

一天，销售部王娜接待了一位客户，由于经理出门办事去了，王娜只好带着他来到了会客室，先与他谈谈合同的事宜，顺便了解对方到底是一个怎样的人。

两人坐下之后，王娜给客户倒了一杯热茶，问道："李先生，贵公司主要是经营什么产品呢？"李先生有些兴奋："我们公司是以生产、销售为一体的，主要产品是纺织品……"说到高兴处，李先生的手在挥舞，脚也在晃动，口水唾液到处飞。王娜看得有点呆了，嘴里不住地称赞："那你们公司发展挺大的。"这时，电话铃响了，两人面面相觑，王娜摸了摸自己的手机，摇摇头，李先生明白过来了，他从口袋里掏出手机，带着歉意说道："不好意思，我先接个电话。"王娜点点头回答说："您请便。"说完，王娜觉得自己不便再待在这里，就先离开了房间。隔着玻璃门，王娜看见李先生一边拿着手机，一边挥舞着手，讲得不亦乐乎。王娜叹道："这人，个性和好胜心都很强啊。"

客户李先生在讲话时的行为表现，使王娜意识到对方是一位好胜心较强的对手。如此的判断，为之后的谈判奠定了良好的基础。其实，那些在说话时喜欢指手画脚的人，基本上都有着比较张扬的个性，他们大多时候只会考虑到自己，而容易忽

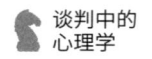

视其他人的感受。

谈判心理策略分析：

那么，在他们身上，有着什么样的特点呢？下面我们就来逐一分析。

1. 强势

这样的人与那些身体僵硬、言行拘谨的人恰恰相反，在他们身上有着一股强势的气焰。他们的言行举止与情感、情绪表达有着密切的关系。当他们的情绪高昂的时候，身体的动作便会多起来；如果他们心中有不吐不快的话语，不自觉地，他们手脚的动作也会夸张起来。当然，这样的人拥有较强的自主性，如果你是一位缺乏主见的人，那在谈判过程中，很有可能会被他强势的气焰压制住。

2. 好胜心较强

如果你仔细观察，会发现有的对手连打电话都会夸张地指手画脚，明明看不到对方，却好像人就在眼前似的，一个人拿着电话，一边指手画脚地讲得不亦乐乎。这一类型的人，如果对一件事物热衷起来，他就会不把其他的事放在眼里。除此之外，他们也是好胜心非常强的人，如果身边有强势对手出现的话，他们一定会使出浑身解数，绝不输给对方。

3. 有着较强的领导力

这样的人在工作上相当有能力，工作积极，对自己想说的话、想做的事情，都能够通过流畅的语言表达出来，轻易地传达给别人。而且，他们本身就有较强的表现欲，比如喜欢指手画脚，并且动作比较夸张，极富感染力，好像在演戏似的。但正因为如此，其身边的人很容易受到兴奋情绪的影响。于是，在工作职场或团体中，他们就可以依靠自己的那种感染力和影响力带动他人和自己一起往前冲，是活跃气氛、使大家团结一体的高明领导者。

另外，这一类型的人在自己的工作中能独当一面，也会在工作之余的其他方面表现得游刃有余。在什么场合说什么话，做什么事，他们都会拿捏得十分恰当。但是，这类人也有软肋，那就是在挫折和困难面前，会变得十分脆弱，甚至会在重大的打击之下一蹶不振。

如何识别谈判对手的常见谎言

一般来说，说谎者都很善于掩饰自己，每一个说谎者都希望自己能够成功地欺骗他人。其实，只要你细心地观察，就可以从对方的言行举止中发现谎言的秘密。因为，即便是高明的说谎者，也会出现"百密而有一疏"的情况。通常情况下，说谎者不外乎就是把自己的谎言隐藏在言行举止中，只要掌握一些辨别谎言的技巧，我们就能清楚地判断出对手是否在说谎。在谈判过程中，我们的对手往往将自己的真实内心包裹起来，呈现在我们面前的只是一张虚假的面具，甚至，即使他嘴里说

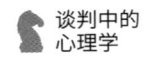

着谎言的时候，如果我们不仔细观察，也很难察觉。

那么，说谎者经常用到的掩饰方式有哪些呢？下面我们就简单介绍几种说谎者常用的方式，以此来看穿对手的谎言。

谈判心理策略分析：

1. 撒谎的人喜欢触摸自己

心理学家发现，那些说谎者在撒谎时会下意识地抚摸自己身体的某些部位，其实，说谎者在撒谎时越是想掩饰自己的内心，越是会因为这些细微的动作暴露无遗。当我们对那些说谎者进行仔细观察之后，我们会发现，他们在撒谎时会借助一些身体语言，如掩口，摸鼻子，或者拉扯自己的衣角等。

掩口：说谎者为什么想要捂住自己的嘴巴呢？其实，这是说谎者的大脑潜意识使他不想说那些骗人的话而导致的下意识动作，如此细微的举动可谓是"欲盖弥彰"。另外，当我们在谈论某些事情的时候，对方却捂住了嘴巴，这表示着他对你所说的并不感兴趣，只是不愿意当面表现出来而已。

摸鼻子：有的说谎者在撒谎时会摸自己的鼻子，有可能他们本来是想捂住自己的嘴巴，但觉得这样的举止不太合适，通常就会在鼻子上摸几下，以此来掩盖自己捂嘴的动作，其目的就是为了掩饰自己在撒谎。不过，并不是所有摸鼻子的人都在撒谎，一般而言，说谎者触摸鼻子的时间很短，而且力度很轻。

拉扯自己的衣角：通常情况下，人们说谎会引起心理上的不平衡，如此，就会导致交感神经功能的微妙变化。在那一瞬间，他们会下意识地拉扯一下自己的衣领或者衣角。这时候，如果你细心观察，就会发现对方的情绪处于十分紧张的状态，随时都有可能爆发出来。

2. 虚假的笑容

心理学家杰弗里·考恩说："我们可以说出每块肌肉动了多少次，它们停留多长时间才变化的，对方的表现是真实还是伪装的。"真正的微笑，来得快，但消失得慢，因为微笑时牵动了鼻子到嘴角的皱纹，以及眼睛周围的笑纹。而说谎者一般都带着虚伪的面具，因而，他们脸上所流露出来的笑容往往也是虚假的。在说谎的时候，那虚假的笑容就成了他们最好的伪装面具。如果我们的对手在撒谎，那么，我们可以通过对手的笑容来判断其心里的真实想法，因为说谎者脸上所挂的始终是虚假的笑容，他们的笑容没有办法牵动眼部的肌肉。

3. 表情的闪现

一般情况下，每个人维持一个正常的表情会有几秒的时间，它所呈现在脸上的时间既不会太长也不会太短。而对于一个说谎者来说，在他们伪装的脸上，真实的感情只会在脸上停留极短的时间。而且大部分的说谎者会把自己伪装的面部表情维持或短或长的时间。一般而言，任何一种表情如果持续的时间超过了10秒或5秒，大部分都可能是假的。有的人会极力掩饰自己愤怒的表情，他们会尽量使自己的表情呈现出一种相对

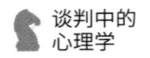

稳定的状态，如面无表情；而有的人则恰好相反，他们会使自己伪装出来的表情长时间出现，如在整个谈判过程中都挂着虚假的笑容。

4. 脸色发红

面部是人们最为直接的身体部位，也是最容易暴露的部分，它是人们传递情感信息的最重要的部分。有的人在说谎时脸色会发红，如果有人将他的谎言识破了，他会显得更加紧张，甚至，会导致面部充血，使脸上皮肤呈红色。

当然，那些善于伪装的说谎者除了上面介绍的几种方式外，还有其他一些表现，如平时沉默寡言，突然变得口若悬河；在谈话过程中露出惊恐的表情却强作镇定；说话时闪烁其词，口误比较多；对你所怀疑的问题，过多地辩解，装出很诚实的样子；精神恍惚，不敢与你目光接触。在谈判过程中，只要你能够细心地观察对手的言行举止，那就很容易判断出对手是否在说谎。

中篇

你来我往,在谈判交锋阶段玩转心理

在谈判中,交锋阶段指的是谈判双方在原先报价的基础上进行讨价还价的行为过程。这个阶段是商务谈判的核心环节,磋商的过程及结果将直接关系到谈判双方所获利益的多少,决定着双方各自需求的满足程度。

第05章　谨慎开口，谈判中要避开的心理雷区

> 谈判既是口才的角逐，也是智力的较量。谈判中哪些语言是最好慎重使用，哪些语言是禁止使用的呢，这些都需要很好地斟酌。有些禁忌语，一旦不小心使用，就可能会引起对方的反感。有些表达方式常常让谈判陷入僵局。谈判者如果不想因个人一语而让整个谈判陷入被动，就必须了解谈判桌上的语言禁忌。

谈判中一定要避免针锋相对

谈判专家这样告诫我们："千万不要就不同意见和对方争辩，这样只会导致对抗，特别是谈判刚开始的时候。"当双方之间的意见出现分歧的时候，不要立即反驳，反驳只会强化对方立场，学会使用"感知"的方式表达自己的立场。在适当条件下使用"他""他们"等第三人称，避免因使用"我""你"这种第一、第二人称导致的对抗情绪。假如对方开始有想争辩的想法，那我们可以想办法化解对方的负面情绪，如说"我完全理解你的感受，很多人都和你有相同的感觉"。

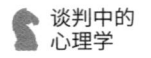

谈判实景一：

纳森是一名所得税顾问，最近因为一项9000美元的账目问题，他与一位税收稽查员发生了点争执。纳森认为这是应收账款里的一笔呆账，根本没办法收回，所以不应该征税；而稽查员却始终不相信，认为他在耍花招。纳森越是争辩，稽查员越是不相信。

于是，纳森决定改变话题，尽可能不刺激稽查员的敏感神经。他说："和你比起来，我做的这些工作简直是微不足道。我也曾研究过税务问题，但那都是书上讲的，枯燥乏味，一知半解。而你的知识和经验却全部来自业务实践。所以，我很想请教一些这方面的问题……"他说得很认真。

稽查员听完，气也消了很多，开始友善地谈起自己的工作，还说了许多人偷税漏税的花招，他十分反感这些人。聊着聊着，他的口气越来越友善，最后甚至兴奋地聊起他的儿子来。临走时，这位稽查员对纳森说："我会认真考虑你的意见和问题的，并在这几天之内给你结果。"果然，三天之后，他告诉纳森："我不再征收那9000美元的税了。"

其实稽查员与纳森争论的并不是一个谁对谁错的问题。稽查员总是觉得他是稽查员，他就是权威，他要的就是一个面子。假如他在工作过程中，有一个人与自己争辩，那自然会让他没有面子。所以，不要争辩，就是给对方面子，你给别人面子，给别人自尊，那就是一种聪明。

谈判实景二：

有一个学员做汽车推销工作，但是他做得很不如意，于是向别人寻求帮助。结果，别人稍微一试探，就知道他有个毛病，就是喜欢与人争辩。他经常和顾客争论不休，粗暴地反对顾客的观点，每当顾客对他所介绍的汽车进行挑剔的时候，他便怒火中烧，毫不客气地与顾客大声争辩，直到说得顾客哑口无言。尽管他嘴上赢了，但却没有人愿意买他的汽车。

于是，有人告诉他，首先要做的不是学习什么谈话技巧，而是压制自己喜欢争辩的个性，应该清楚这是做生意，不是总统竞选。即便心里有什么不同的意见，或者发现对方有明显的错误，也应该保持冷静，以一种温顺和谦和的口气加以解释，千万不能直接指责。

他耐心听取了建议，在这之后就尽可能不与别人争辩了。如果顾客说别的汽车怎么怎么好，他就一言不发，先恭敬地听完，然后说："那款车确实不错，质量很好，风格时尚，他们公司的推销员也很棒！"顾客得到了认同，自然也就无话可说了。于是，他就趁此机会开始介绍自己的汽车了："这款车其实也不差……你看……"就这样，他很少再与人发生冲突，销售业绩很快就上升了。

当你与对手开始争辩的时候，或许你的观点是正确无误的，不过，你强迫别人改变他的观点的时候，你将会一无所获。其实，正确与错误本身没有多大的意义，观点是个人的，

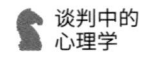

我们每个人都有坚持自己观点的权利，即便是错误，你没有权利要别人都听从你的意见。

谈判心理策略分析：

1. 不要说"你错了"

苏格拉底说："我只知道一件事，那就是我什么也不知道！"在谈判过程中，我们对别人错误的观点，应该抱着更多的宽容和理解，而不是说"你错了"。我们可以这样说："嗯，可能是这样的，不过我还有另外一种想法，不知道对不对……不对的话还请指正。"这样说，会收到很好的效果。

2. 保持温和的态度

假如我们能谦逊地说可能是自己错了，那对方自然也就不好意思再执着了，这其实就是一个双方妥协的过程。人虽是一种理性的动物，不过我们并不总是按照逻辑规则进行思考。我们生活在各种情感之中，通过直觉和喜恶来判断问题。假如不高兴的话，即便是错的也会固执己见，甚至迁怒对方，于是很容易在无意识中犯下错误。所以，保持温和的态度，你就可能是谈判桌上的赢家。

尊重你的对手，你也能赢得对手的尊重

在交际场合，经常听到有人强调"口德"，什么是口德呢？最根本的一点就是在谈话中重视对方的存在，考虑他们的

| 第05章 |
谨慎开口，谈判中要避开的心理雷区

心理感受，在言语上不要刺伤他们的自尊心。众所周知，语言是一个人综合素质的外在反映，一个没有口德的人，所讲出的每一句话不仅没有丝毫的吸引力，还会遭到别人的抵触和反感。其实，不止是在交际场合，即便是在谈判场合，我们也需要通过语言彰显自己对对方的尊重。不要以为对手不是朋友，言语之间就可以随意。其实，越是在谈判这样的场合，就越需要运用礼貌的语言，给予对手充分的尊重，从而达到拉近彼此之间心理距离的目的。

谈判实景：

美国有一位总统，他庆祝成功连任的时候开放白宫，邀请了一百多名儿童前来做客，和他们进行亲切的"会谈"。

"您上学的时候是不是和我们一样，有一个最糟糕的学科，也经常受到老师的批评？"一个叫汤姆的小男孩问总统。总统回答说："我的品德课不怎么好，因为我在上课的时候经常不注意听讲，喜欢乱说话，干扰了别人学习，因此老师经常批评我。"

总统的回答，让本来有些拘谨的现场变得活跃起来。

有一个来自洛杉矶贫民区叫露西的小女孩对总统说，她每天去上学的时候都感到十分害怕，因为她不知道在路上会发生什么事，害怕遭到坏人的伤害。

总统听完她的诉说，就收起了笑容，诚恳地对露西说："我知道现在小朋友过的日子不是特别如意，因为在有些问

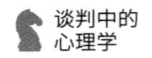

题的处理上，政府做得是远远不够的。我希望你好好学习科学文化知识，等将来有机会了，参与到国家的正义事业中去。我想，只有我们每个正义的人联合起来和坏人进行毫不妥协的斗争，才能改变不如意的现状，让我们的生活变得更加美好。"

总统的回答让每个小朋友都十分感动，于是就把他当成了可以依赖的对象，和他成了"忘年交"。那些在场外的孩子的家长们通过电视看到这样的谈话场面，也禁不住热泪盈眶，同时觉得总统是一个十分亲切的人。

总统面对到访的小朋友，没有任何的架子，甚至在说话的时候也不是用一个过来者或者大人的口气，这样就让那些小朋友感受到了尊重和真诚。小朋友们就觉得，总统和他们之间没有任何的距离，两者都是普通人，总统是他们可以亲近、可以信赖的"大朋友"。

我们可以从总统对待小朋友的故事中明白这样一个道理：在日常谈判过程中，一定要注意尊重对方。只有给对方以充分的尊重，才能够拉近双方的心理距离，从而顺利地实现思想沟通，让对方从内心接受自己。假如在交流过程中，我们用高高在上的姿态，硬邦邦的口气来对待别人，就会显得我们毫无素养，对方也会因为我们的态度不够尊重而不悦，甚至拂袖而去。

谈判心理策略分析：

1. 给对方一顶"高帽"

每个人都是有着虚荣心和自尊心的，因此每个人都希望自己被别人高看一眼，不愿意被他人小瞧。那么，这就要求我们在和别人说话的时候，一定要注意用一些适当的语言来抬高一下对方，这样就会让他有一种"惺惺相惜""英雄识英雄"的感觉，从而愿意主动和你交谈。另外，在和年龄、社会地位与我们有着一定差距的人面前，更要注重抬高对方，以免让他受到冷落。

2. 学会倾听

谈判是由双方共同完成的事情，假如一个人在那里滔滔不绝唾沫乱飞地唱着独角戏，就会让对方明显感受到冷落，在对方无法表达个人思想之余就会觉得你无视他的存在，从而会对你的不懂人情世故产生不满。因此，我们在和别人交谈的时候，一定要留给对方表达思想的空间，并且在对方说话的时候要认真地倾听，表现出你的诚意来。

3. 记住对方的名字

这种方式通常是用于和陌生人的谈判中，在交际场合中我们经常会遇到一些有过一面之交的人，那么在重逢的时候，在你和他谈判的过程中能够给他一个亲切的微笑，准确地叫出他的名字，那么，对方就能了解到你对他的尊重，从而对你产生好感。

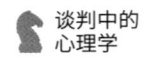

4. 不要随便指出对方的错误

别人在言谈之间难免会有一些言辞或者观点上的错误，在这个时候我们没有必要去指责对方的错误，那样的话只会让对方觉得你是在践踏他的尊严，对你产生反感的情绪。在这个时候，你不妨采取沉默的态度，或者是转移到其他话题上去。

谈判中开口前要思虑周全

人类与生俱来的弱点就是容易犯错误，无论科技如何发展，一些事故总是会无可避免地发生。我们解决问题的方法变得越来越高明，相应地，我们所面临的麻烦也越来越复杂。为了避免麻烦的产生，无论是说话还是做事，我们都应在事前尽可能想得全面一些，把事情想得周全，三思而后说，方能稳赢不败。在日常谈判中，我们应该谨言慎语，千万不要妄自尊大，要清楚你不可能成为上帝，不妨表现得谦虚一点，无知一点，谨慎说话，这样，事情才有可能成功。

谈判过程中，有的事情是出乎我们意料的，事情的变化将意味着我们思绪的变化，语言的变化，遇到难题，应该懂得灵活应变，说话前多想想，一旦情况有变，你也能说出周密的话来。当然，要想说"慎言"，还必须得有一个缜密的思维。如果一个人想事情总是那么固执，那么，他就很难说出周密而严谨的话。另外，说话不要只顾自己的感受，任意而为，应该想想自己的语言会不会给他人带来一些麻烦。要想不给别人添麻烦，就需要考虑周全再开口，多方面考虑，多替别人想一想，这样我们做事成功的机率就会大一些。

工程师爱德华·墨菲提出了"墨菲定律"。墨菲曾参加美国空军，在空军训练营里，他做了MX981实验，目的是测定人类对加速度的承受极限，其中有一个项目是将16个火箭加速度计悬空装置在受试者上方，令人感到奇怪的是，有人竟将16个加速度计全部装在错误的位置。对此，墨菲提出了这样一个著名的论断："如果有两种或以上的选择，其中一种将导致灾难，那么必定有人会做出这种选择。"通俗地说，事情如果有变坏的可能，不管这种可能性有多小，它总会发生。

或许，很多人不知道，任何事情都没有表面上看起来那么简单，所有的事情都会比自己预计的时间长。在事情发展的过程中，如果你担心某种情况的发生，那么，它就更有可能发生。说话跟做事是一样的道理，尤其是在实际谈判中，我们需要考虑清楚，做到"慎言"，将话说得滴水不漏，方能稳得头筹。

谈判实景：

暑假期间，火车上十分拥挤。一位年轻姑娘中途上车，见对面座位上坐着三个年轻人，而边座正好空着，就走了过去问："同志，这儿没人吧？"对方回答："没有。"年轻姑

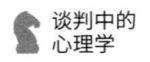

娘于是放下东西，准备就座。不料，一个男青年竟突然把腿放到了座位上。姑娘一愣，问："你这是为什么？""因为你不会说话。"那个男青年故意刁难，"那么，请问该怎么说？"姑娘好意请教，对方眯起眼睛，装腔作势地说："看来你是井里的青蛙，没见过多大的天地。让大哥告诉你。你得这样说，'大哥。这有人吗？小妹我坐这可以吗'，哈哈哈……"说完，肆无忌惮地狂笑起来。

姑娘脸上一阵发烧，心里很生气，但转念一想："不对，有道是兵来将挡，水来土掩。你要滑嘴，我难道没口才吗？"于是，姑娘说："听你这一说，我确实没有见过你们这种独特的'礼貌'方式。不过，你们既然见过世面，又有自己独特的'礼貌'方式，见了我，就应按你们的'礼貌'方式办事才对。""你说怎么办？"男青年不解地问，"那还不容易？看见我来了，就该起身肃立，躬身致礼，说：'大姐，这儿没人，小弟请你赏脸，坐这可以吗？'咳，可惜呀，你连自己的'礼貌'信条都做不到，还想教训别人，真是土里的蚯蚓，一点蓝天都没见过！"

男青年自作聪明地卖弄口舌，没想到一番唇枪舌剑之后，他话语中的把柄却被姑娘抓个正着。最后，姑娘短短几句话，就反击了男青年的"谬论"，语气中透露着讥讽之意。出现这样的结果，就在于男青年没有使用缜密的语言，想到什么就说什么，最终败在自己的言语陷阱里。

谈判心理策略分析：

1. 三思而后说

俗话说："三思而后行。"说话也一样，语言经过了大脑的思考才更有说服力，而且，也才能经得起对方的"检验"。所以，在谈判场合，无论面对什么样的谈判对手，我们都需要"三思而后说"，嘴边留个把门的，这样的言语才会显得缜密、谨慎。

2. 懂得随机应变

面对对方咄咄逼人的问题，有可能你会乱了阵脚，于是，那些该说的不该说的都脱口而出。在这样的情况下，对方有可能会从你的话语中抓住把柄，并且伺机通过言语进行攻击。因此，在面对别人的提问时，我们要懂得随机应变，把回答的话说得滴水不漏，让对方找不到把柄。

给对方面子，就是给自己留退路

中国人历来比较注重面子，于是乎，就诞生了这样一句话："交际场上，面子大过天。"大多数人明白这样的道理，自然也就懂得在交流沟通时维护他人的面子。可是，对于某些人来说，他们偏偏不认这个死理，说话咄咄逼人，信口开河，丝毫不顾及别人的情面，以至于闯下大祸。

在实际谈判过程中，如果你想表达什么观点或意见，尤

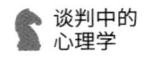

其是涉及情面的问题，应该见好就收，别不给对手留情面，否则，苦头只有你自己吃。

谈判实景：

纽约市泰勒木材公司的销售员克洛里，由于当面指责客户错误，得到过很多深刻的教训。对此，他总结说："很多次失败，让我认识到，当面指责客户是一件多么可笑的事情，你可以赢得辩论，但你什么东西也卖不出去，有些木材检验员，顽固得就好像是球场上的裁判，一旦判错，绝不悔改！"

有一天克洛里正在上班，电话铃响了。克洛里拿起听筒，对面传来一个焦躁愤怒的声音，抱怨他们运去的一车木材大部分不合格，那车木材卸下四分之一之后，木材检验员报告，有百分之五十五的木材不合格，拒绝收货。克洛里马上乘车赶到对方工厂，他基本上可以猜到问题所在。如果在以前，克洛里到了那里，肯定会引经据典地指责对方检验员的错误，并断定所供应的木材是合格的。但现在克洛里觉得不应该这样做，自己不要伤了客户的面子，这样才会让问题得到妥善合理的解决。

克洛里到了工厂，供应科长板着面孔，木材检验员满脸愠色，只等他开口。克洛里见到他们，笑了笑，根本不提木材质量问题，只是说："让我们去看看吧。"他们默默地跟着走到卸货卡车旁边，克洛里请他们继续卸货，请检验员把不合格的木材一一挑选出来，摆在另外一边。克洛里看检验员挑选了一阵子，发现自己的猜测是正确的，检验员检验得太严格了，而且他把检验杂木的标准用于检验白松。克洛里并没有对这位检验员进行任何指责，只是轻言细语地问检验员木材不合格的原因。

由于克洛里和颜悦色，以一种十分友好的态度虚心求教，检验员渐渐高兴起来，双方剑拔弩张的气氛也缓和了。慢慢地，检验员的整个态度改变了。他坦率地承认，自己对检验白松的经验不多，并反过来问克洛里一些技术问题。克洛里这时才谦虚地解释，运来的白松木材为什么全部符合要求。克洛里一边解释，一边多次强调，只要检验员依然认为不合格，还是可以调换的。

那位固执的检验员终于醒悟了，最后，他自己指出，他们把木材等级弄错了，按照合同要求，这批木材全部合格。当然，克洛里也收到了一张全额支票。

尽可能克制自己，不当面指责别人的错误，克洛里让一桩生意起死回生，减少了一大笔损失。更关键的是，克洛里与这家工厂、与这位木材检验员建立了融洽的关系，学会了处理人际关系的艺术，这一点是异常宝贵的。

谈判心理策略分析：

1. 态度温和

面子人人都有，假如你让谈判对手失去了面子，你就很难再从他那里得到尊重。对方都喜欢我们在人多时态度温和、言语轻柔且带着一种尊重跟他交流，不喜欢被别人当场指正。

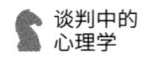

如果我们保全对手的面子，他们也会尊重我们，为我们保全面子，互相支持，互相配合。

2. 肯定和抬高谈判对手

每个人都是爱面子的，都喜欢在别人面前展现所长。在谈判中，我们会遇到偶尔聊天的机会，这时应该把握时机，肯定和抬高对方，让对方对我们产生好感，从而使我们的工作顺利进行。因此我们应该在别人面前抓住机会，肯定客户所长，赢得客户对我们的刮目相看。

3. 给对方留面子，就是给自己面子

许多人不知道这样一个道理，你给别人面子，其实就是给自己面子。可能，在现阶段，对方的处境并不怎么样，但是，我们也没必要赶尽杀绝，硬是要扫了对方的面子。凡事多与人为善，今天你给对方留面子，日后他肯定会把这面子留给你。

4. 避谈对方敏感旧事

隐私就是不可公开或不必公开的某些事情，有可能是缺陷，也有可能是秘密。因此，我们在语言交流的过程中，需要避开彼此的隐私，即使无意中提到了那么一两句，也需要见好就收，别不留情面。

5. 得饶人处且饶人

在谈判中，有可能会出现这样的情况：对方无意之中犯了错误，可你却总是揪着对方的错误不放，说话越来越过分，丝毫不顾及对方的情面。其实，不管对方是无意还是有意，既然错误已经发生了，再多说也于事无补，所谓"得饶人处且饶人"，批评的话也要见好就收，给对方留点情面。

保持冷静，不要因对方情绪变化而自乱阵脚

大多数的谈判者都是从一些虚假的数字开始的，双方都希望谈判朝着对自己有利的方向发展。在某种程度上，利己就是损他，针锋相对是没办法避免的。针锋相对，就意味着双方情绪的直接较量，这个较量包含两个方面：对自己情绪的控制，让自己不受眼前问题的太多影响；判断对方的情绪变化，从而判断对方的底线和接受程度。

大多数有经验的谈判者通常会控制自己的情绪，喜怒不形于色，而这也是他们取得谈判成功的一个重要因素。谈判形势紧迫，不论采取何种方式来控制自己的情绪，都需要及时、有效地熄灭心中的怒火。如果任由情绪爆发，就会导致自己说出一些不应该说的话，做出一些不应该做的事情，到时候就会后悔莫及。即使情况已经非常糟糕，也还是镇定自若，这才是谈判桌上高明的谈判者。在谈判中，任何的意气用事，都会给自己留下难以弥补的遗憾。

谈判实景：

中国某公司与日本某公司围绕进口农业加工机械设备，在上海著名的国际大厦进行了一场别开生面的谈判。基于双方心

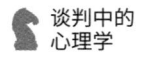

理变化，谈判一开始，日方先报价，首次报价为1000万日元，这是第一轮谈判。不过由于中方已经调查了国际行情，于是中方代表直接说："这个报价不能作为谈判的基础。"对中方这样的回答，日方感到很吃惊，为了挽回局面，日方开始转移话题，介绍产品优良的质量。

而中方依然回答："不知道贵国生产这种产品的公司有几家？贵公司的产品优于A国、B国的依据是什么？"顿时，日方陷入了尴尬的境地。不过日方还是忍住了，暂时离席，然后神色自若地回到谈判桌前，问自己的助手："这个报价是什么时候定的？"他的助手早有准备，对这样的问话自然是领会了，便说道："以前定的。"于是日方代表笑着解释说："哦，时间太久了，不知道这个价格是否有变动，我们只好回去请示总经理了。"

实际上，在关于控制情绪策略这点，我们在谈判过程中遇到无法摆脱的困境或其他必要的情况时，还可以借助突如其来的情绪宣泄，达到震住对方，促使其妥协的目的。

谈判心理策略分析：

1.保持冷静

作为谈判者应该注意保持清醒的头脑。保持清醒的头脑就是保持自己敏锐的观察力、理智的思辨能力和言语行为的调控能力。一旦发现自己心绪不宁、思路不清、反应迟钝时应提出暂停谈判，通过休息、内部相互交换意见等办法让自己恢复良好的状态。

2. 保持正确的谈判动机

谈判者要始终保持正确的谈判动机，商务谈判是以追求谈判的商务利益为目标的，而不是追求虚荣心的满足或个人目的的实现，需要防止对手的讽刺、奚落对心态的影响，但也不要在对方虚假的赞美声中迷失了方向。

3. 对事不对人

谈判者在谈判过程中，需要将人和事分开，处理问题遵循实事求是的客观标准，避免被谈判对手真真假假、虚虚实实的手腕所迷惑，从而对谈判事物失去原本拥有的判断力。

允许对手有自己的思路

当今社会是一个重视自我的时代，每个人都有一个独立的认知观念和价值体系，追求平等和自由成为这个时代的共识。正所谓"己所不欲，勿施于人"，在这个讲究自由平等的时代里，每个人的思想都不愿意受到对方的控制和干涉，每个人的行动只会服从于个人的思想意识，而不会受别人的支配和指使。这也就要求着我们在实际谈判过程中，需要照顾到谈判对手的自尊和心理。当我们在进行谈判的时候，切忌生硬地将自己的思想强加给对方，而是需要运用合理的方式和方法让对方接受我们的建议。

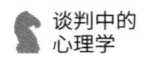

谈判实景一：

晏子是春秋后期齐国著名的政治家，他不仅在治理国家上有着非凡的能力，同时也是一名出色的口才高手。他每次提出的建议，都能够得到国君的重视和采纳。其中的秘诀就在于，他从来不会直冲冲地将自己的想法强加给国君，而是通过比较巧妙的方式让国君对一些错误的决定有一个清醒的认识，从而让国君主动地去改正。

有一次，齐景公和晏子聊天，无意间问了一句："您的家离市场这么近，知道现在什么东西最贵，什么东西最便宜吗？"

晏子早就对齐景公滥施酷刑有意见，当齐景公问起这件事的时候就灵机一动，一本正经地说："启奏君上，现在市场上价格最贵的是假脚，最便宜的是鞋子！"

齐景公一听，感到十分纳闷，就说："为什么假脚最贵，鞋子最便宜呢？"

晏子回答说："现在的老百姓犯法的太多了，有一些小的过失就会被砍去双脚，现在临淄大街上有很多这样的人，鞋子对他们来说是没有用的，而假脚却总是供不应求。"

齐景公听了半天说不出话来，最后自言自语地说："是不是现在的刑罚太重了，因为一些小的过失就被砍去双脚也实在太残忍了，这样，老百姓连改过自新的机会也没了……"于是第二天，齐景公就发布命令，废除了那些酷刑。

哪怕是在最宽松的气氛之中，想改变别人的主意也绝对不是一件容易的事。假如你想让个人的观点和建议得到认可，就要在技巧和方法上下功夫，让对方在无意的情境中接受你的建议。尤其在谈判中更是这样，因为每个人的思维和想法都是迥异的，当你在阐述自己的观点时，请考虑一下对方的意见以及接受程度。

谈判实景二：

生活中，一位丈夫对不爱打扮的妻子提意见说："以后你出门的时候要多注意一下自己的形象。你看看邻居李先生的老婆哪天不是打扮得光鲜亮丽的，你就不会和人家学学吗？"妻子听到这话就不高兴了，她非但没有接受丈夫的意见，反而反唇相讥："学学人家？人家的丈夫可是大公司的老板，你有人家李先生的钱多吗？你要是成了亿万富翁，难道我还不会打扮？"

在上面这个案例中，妻子不是不知道自己的缺点，但是丈夫的这种表达方式无疑是在伤害她的自尊，为了捍卫自己的尊严，她也只能这样回击丈夫，那么丈夫的劝说不仅没有达到预期的效果，反而加剧了夫妻双方之间的矛盾。

谈判心理策略分析：

1. 提意见不宜直接

在我们的生活中，经常可以遇见这样的情形：当你好心好意向对方提出建议的时候，对方听了却十分不高兴，其实这并不是别人不识好歹，我们应该对自己的说话方式进行自我检

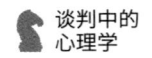

讨。毕竟，只有为他人着想的善心是不够的，最重要的是要选择一个合适的方式。聪明的人从来不会对别人说"你这样做不对""事情应该是这样的"，因为那样做，只会引起争端，让别人产生敌视的心理。聪明的谈判者总是会选择一种比较巧妙的表达方式，让对方在没有任何思想压力的前提下去听取他的意见和建议。

2. 不要把自己的想法强加给对方

当你把自己的意见强加给谈判对手的时候，往往会让对方觉得你有一种自以为比别人聪明的心理，哪怕你的意见和建议是多么得合情合理，但是还是会让对方觉得你是在盛气凌人地压制他，从而不愿意接受你所说的每一句话、每一个字。遇到这样的情况，你的谈判就会不可避免地陷入失败的悲剧之中，而且时间长了，你有可能会成为谈判场合不受欢迎的人。

第06章　先发制人，营造强大的心理气场

> 在谈判中，我们要学会先发制人，一开始就要把握主动权，这样才有可能赢得谈判最后的胜利。先发制人策略，是三十六计中的一个计策，原来指的是在战争中的双方，先采取行动的往往处于主动地位，可以制服对方。

提个试探性的问题，摸透对手的真实心理

在这个商业社会时代，我们时时刻刻都面临着形形色色的谈判。古人云："天外有天，山外有山。"在现代谈判中，强中自有强中手。谈判，打的就是一场心理战。等到真正的谈判开始，谈判双方就进入心理角力战。任何一个谈判者都不愿充当傻瓜，双方谈判获胜的出发点是在绝对不损害他人利益的基础上，取得自己的利益。为此，对手往往会隐瞒自己的真实意图和需求，以求占据有力的谈判地位。而我们若要顺利达到自己的目标，就得掌握奥妙的人性心理，并通过语言成功操纵对方的心理。如果你懂得旁敲侧击、打探对手的需求与意图，你就能在谈判过程中有的放矢。

在谈判中，隐晦、形象的试探语言，往往能有效地活跃谈判气氛，使谈判变得轻松、愉快，并逐步向有利的方向发展。

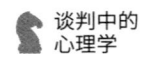

那么，我们该如何使用这种试探性的谈判技巧呢？

谈判心理策略分析：

1. 唱反调

元·李文蔚《张子房圯桥进履》第三折记载："将计就计，不好则说是好！"谈判中，利用唱反调，可以顺利帮助我们挖掘出对手的真实意图，可以混淆对手的视听，让他们作出错误的决定，让对手放松戒备心，这对于我们达到目的是大有帮助的。对此，我们可以"大张旗鼓"地表达我们的意图。

2. 保持镇静

一些初涉谈判桌的谈判者在旁敲侧击的过程中，往往在遇到一些突发状况的时候不知所措。这样，反倒被对方抓住破绽。因为谈判桌上的任何攻心术的前提都是隐藏自己的真实想法。正因为我们已经知晓了对方的计策，知己知彼就能百战不殆，抱着这样的心理，我们更没必要紧张与不安，而更应冷静地审时度势，不能被对方的某些计策所愚弄。

3. 误导式提问

有人说：当我们在第一时间接受某一信息并即刻做出决策时，思维往往会被这一信息所固化。聪明的谈判者总是预先埋下伏笔，让对方不知不觉中因失误陷入语言的陷阱。一般来说，面对问题，人们都会回答。而如何使对手回答出我们希望得到的答案，就体现出了我们的提问水平。

生活中，你可能有这样的经历，当你进入一家饭店，饭店服务员会立即走上前去为你推荐特色菜。"您今天是要一份海鲜还是两份？"你会立即回答"一份"或者"两份"。而如果服务员问"您要不要来点儿我们这儿的清蒸鲍鱼"，你的回答可能并不会令对方满意。

4. 事后协商

每个商谈都有两种交换意见的方式，一个是在会上，也就是以正面谈判的方式，另一个则是在场外，以间接的方法与对方互通消息。要知道，并不一定每一件事情都要在会议桌上提出来。

谈判过程中，假如对方拒绝非正式提出的条件，我们可以采用会后协商的方法。这样，双方都不会有失掉面子的担忧。这种间接的沟通方式，可以帮助谈判者和公司在不碍情面的情形下，悄悄地放弃原先的目标，而某些偏差了的目标也可以借由半正式或非正式的沟通方式加以修正。

5. 留一点时间给对手

若希望这种旁敲侧击的语言试探法起到一定的效用，就要在己方发言之后，留给对手一个短暂的回味时间，对手才能体会到你的话语和谜底之间微妙的联系。因此，在谈判中我们不但要善于运用这种语言技巧，而且要善于让对手领悟你的话中含义。

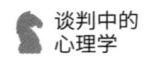

出其不意，给对手一个措手不及

《孙子·计篇》："攻其无备，出其不意。"意思是趁对方没有意预到就采取行动，也就是出乎别人的意料。在实际谈判中，我们也可以利用这一招计谋，以出乎对方意料的言语制服对方。"出其不意"也就是不按照正常的逻辑出牌，有可能是借题发挥，有可能是顺势引导，从而说出一些在对方预想之外的言辞，令对方无法招架，这样所产生的效果是顺利地摆脱了对方的言语限制。通常在谈判中，如果按照正常的逻辑思维，当自己论述了一个观点后，我们可以预想对方有可能会说出什么样的言辞。而出其不意完全跳出了这个圈子，那些话语完全是对方所想不到的，也因为如此，正好打他个措手不及，最终我们将成功地占据上风。

谈判实景一：

有位演讲家在演讲结束时，台下一名学生突然连珠炮似地向他发问。

学生："先生，您今天是第一次演讲失败吗？"

演讲家："那当然是第一次啦。噢，你们当学生的怎么总爱问这个问题？"

学生："演讲时，您觉得什么样的字音最容易说错？"

演讲家："错。"

学生："您演讲开始时，从来不说的是什么？"

演讲家:"结尾。"

回答了学生的问题后,演讲家也来个出其不意,反戈一击。

演讲家:"我方才讲的冷缩热胀的道理你懂了吗?"

学生:"懂了,先生。冬天白天短——冷缩;夏天白天长——热胀。"

这时,台下哄堂大笑,这位发问的学生才知道说错和失败的是自己,不禁羞红了脸。

有时面对对方攻击性的语言,你可以顺势引导,先回答对方的提问,然后进行反戈一击,出其不意地打倒对方的气焰。在案例中,演讲家面对学生的发难并没有生气,而是思路清晰地回答了他的恶意提问。但是他回答完了,也来了个出其不意,反戈一击,使学生意识到说错和失败的原来是自己。

谈判实景二:

古希腊诡辩家讲过这样一则寓言:

有一位埃及妇女看到自己在尼罗河畔玩耍的孩子被鳄鱼抓住,就请求鳄鱼把孩子归还给她。鳄鱼当着众人说:"如果你猜对我的心思,我就把孩子归还给你。"妇女说:"我猜你不想把孩子还给我。"鳄鱼说:"如果你猜得对,则根据你说话的内容,我不把孩子归还给你。如果你猜得不对,则根据约定的条件,我不把孩子归还给你。你不管猜得对,还是猜不对,我都不会把孩子归还给你。"

听了这样的话,妇女灵机一动,说:"如果我猜得对,则

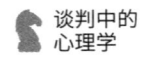

根据约定的条件，你应把孩子归还于我。如果我猜得不对，则根据我说话的内容，你应把孩子归还于我。我不管猜得对，猜得不对，你都应把孩子归还给我。"

鳄鱼本来想用一个不符合逻辑的推理来为难妇女，可没想到妇女也用了一个相反的同样不符合逻辑的推理来反驳鳄鱼，出其不意，这样的反驳方式实在是巧妙极了。

谈判心理策略分析：

那在实际谈判中，如何才能使出"出其不意"这一招呢？

1. 借题发挥

在谈判中，当我们受到对手的攻击时，可以不直接从正面回答，相反，我们可以通过借助对方提供的话题进行还击，出其不意，从而改变谈判的局势。这种方式的最重要一点在于"借"，能否借对方的话题为己所用，当然，这也取决于我们的谈判经验和思辨能力。

2. 巧观对方岔开话题

在谈判中一旦发现对手岔开话题，不需要打断，应让他继续说下去。如果对手是一时不小心而为之，那估计对手说不了多久，就会自己发觉而显露窘态；如果对手是想到了另外一件事，那他一旦察觉就会回到原来的话题之上；如果对手是有意岔开话题，那可能会继续这个话题说下去。

观察对手岔开话题是出于哪种情况，如果是前两种情况，那你应适时顺应对手，让对手将话题越扯越远，给对手出其不意的一击；如果是后者，那我们则需要及时地返回原来的话题，出其不意地反驳对手有意岔开话题的居心。

营造心理气场，展现你的自信气势

爱默生曾说："自信是成功的第一秘诀，谁相信自己的能力，谁就能征服世界。如果做一件连自己都担心不能成功的事，那么失败的结局在所难免。"在这个世界，除了你自己以外没有人能欺骗你，没有人能阻止你走向成功，这就是自信的力量。自信的心理暗示，往往能够传递给他人以力量。对此，自信不仅仅是一个人走向成功的第一秘诀，更是征服人心的利器。

谈判实景：

在一次面试中，人事部经理看到了这样一个女孩，当他问道："你只不过是一个专科生，怎么会到我们这样的大企业来面试呢？"那女孩一点也不胆怯，而是自信地说："我相信机会都是自己争取来的，而且我对自己很有自信。"经理看了看那张年轻的笑脸，嘴里竟说不出拒绝的字眼，他继续问道："可是，你所学的专业是计算机，而我们所需要的是销售人员，如此截然不同的两个专业，你怎么保证能胜任这份工作呢？"女孩坦率地说："虽然计算机和销售是两个不同的专业，但是，学计算机的人也需要与人打交道，而这恰恰是销售人员所需要的能力。而且，我从来不否认自己在与人沟通这方

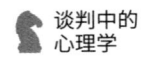

面有过人的能力。"

经理笑了，这个女孩也太有自信了。经理有些挑衅地问道："可是，你的自信来自哪里呢？"女孩微笑着说："我的自信跟你的自信一样，你能自信地坐在这里面试我，我的自信来源于我知道自己能做什么，不能做什么。"就这样，经理当即决定录用这个女孩，后来，他在工作中对那女孩说："虽然你的学历并不是最高的，但你的回答却是我最满意的，你的自信传递给我无限的力量，我相信，一个自信的人是有足够的能力去干一些事情的。"

虽然，自己在各方面的条件都不如一起前来面试的人，但是，女孩的自信却是无人可比的，而恰恰是这份自信打动了经理，也使她自己得到了那份工作。在生活中，那些对自己充满自信的人，他们身上有着一种非凡的魅力：神采奕奕，精神百倍，任何时候都给人一种活力四射的印象。如此的风采魅力，能传递给他人以力量，使他们开始相信自己，这样更能够很好地打动他人，从而赢得他人的好感。

谈判心理策略分析：

那么在实际生活中，如何才能让自己更自信呢？

1. 不要看轻自己

有人总是叹息自己工作不如别人，外貌不够出众，才能不被老板赏识。其实，有时候，仅仅是因为我们对自己缺乏自信，无法传递给他们力量，而致使他人对我们失去了信心。

2.学会欣赏自己

有这样一句话:"人活着,或许有不少人值得欣赏,但你最应该欣赏的是你自己。"当你自己充满自信的时候,别人的眼光也会被你吸引,在不知不觉间,就对你产生莫名的好感;相反,一个内心充满自卑的人,在他身上所显现出来的是颓废、迷茫,毫无形象魅力,自然也就没有办法获得他人的好感。自信产生的巨大力量推动着自己走向成功,与此同时,自信也能够很好地打动他人,从而赢得他人的好感,如此一来,谈判自然会成功了。

妙用神态动作,干扰对方的判断

在日常谈判中,一次简单的沟通包括语言与非语言两个部分,其中神态就属于非语言部分。当然,也有不少人认为沟通的方式有三种:语言、文字、神态,按其重要性依次排为:神态、语言、文字。这主要是因为神态完全由你的心态控制,正所谓"相由心生",说的就是这个道理。大多数人会把忧虑感、紧迫感、厌恶感等统统写在脸上,不过,也有一些人不会把自己的喜怒哀乐表现在脸上。所以,我们在谈判时,要善于利用神态语言来向对方传递自己的想法,从而达到打动人心的目的。

在谈判中,神态语言是作为传情达意的一种重要沟通方

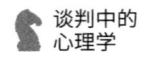

式,它指的是通过眼神、动作、面部表情等来表达内心思想的一种非语言形式。神态语言不仅仅彰显着自己的喜恶,更为重要的是,通过自己一颦一蹙的变化展现自己的内心世界。在现实生活中,不同性格、身份、经历的人,他们会有各种不同的神态。即使在同一事件中,相同的情况下,不同的人神态也是各不相同的。而且,单纯的神态语言并不能完成一次沟通,它必须根据事件、环境、心境的状态才能恰如其分地表现出来。

谈判实景:

《红楼梦》里,湘云给袭人带来绛纹戒指,黛玉笑她在"前日"没有让人把袭人的一同带来,"是个糊涂人"。湘云作了一番分辩。这时,宝玉、黛玉、宝钗等几个人都笑了。宝玉笑道:"还是这么会说话,不让人。"黛玉听了,冷笑道:"她不会说话,就配戴'金麒麟'了!"一面说,便起身走了。幸而诸人都不曾听见,只有宝钗抿着嘴儿一笑。宝玉听见了,倒自己后悔又说错了话;忽见宝钗一笑,不由得也一笑。宝钗见宝玉笑了,忙起身走开,找了黛玉说笑去。

虽然大家都在笑,但却因为每个人的心理不一样,最后他们所表现出来的"笑"这个神态语言也是千差万别。宝玉笑得很亲热,给人一种亲切的感觉,因为他习惯了与湘云开玩笑;黛玉的笑是妒忌的"笑",她担心宝玉会因为金麒麟与自己生隙,顿生妒忌之情,而且这样的心理影响到了宝玉,"宝玉听见了,倒自己后悔又说错了话";宝钗则是幸灾乐祸的

"笑"，后来宝玉见宝钗笑了，也自我解嘲地"笑"了。宝钗见宝玉笑了，却又忙着走开，找黛玉"说笑"了，这里的"笑"是为了掩饰自己与宝玉的相视而笑。

从心理学上说，每个人的神态都反映着其相对的心理状态。例如，一个身体健康、心情愉悦的人，他的神态表现会红光满面、神采奕奕；相反，苦恼忧愁的人通常会愁云密布、眉头紧锁。其实，面相即为心相，一个人自然表现出来的神态就是其心理，此外，人们还习惯于利用神态语言来使对方理解自己的用意。

谈判心理策略分析：

当我们表达内心思想情感的时候，可以使用较多的神态语言。其中，我们需要记住的是：神态语言在表达时要准确、清楚，至少能给对方一个大的方向，否则对方也会摸不着头脑，不知道你所表达的真正用意是什么，自然，他的心门也不会为你打开了。那么，在实际谈判中，我们该如何利用神态语言打动人心呢？

1. "你说的话题我很感兴趣"

在双方的沟通过程中，作为倾听者可以通过一定的神态语言表示"你说的话题我很感兴趣"。身体前倾，以头部动作和丰富的面部表情回应说话者，如点头表示"你说得对"，微笑表示"赞同、认同你所说的"，惊讶的表情表示"出乎意料"。当然，在整个倾听过程中，需要保持全神贯注的神态。

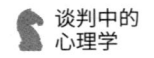

这样，表现出你对其说的话十分感兴趣，对方也是很容易被你打动的。

2．"我很有礼貌""我是一个彬彬有礼的人"

谈话过程中，眼睛适当地注视对方，这是一种尊重；随时保持微笑，可以胜过千言万语，以优雅而迷人的神态打动对方。

3．"我很在意你的想法"

青年男女在恋爱的过程中，经常会向对方暗示"我很在意你""你不能和那个女生靠得太近了""我正在吃醋"等这样的信息。所以，在谈判过程中，我们也可以适时用神态语言来让对方理解自己的用意，让对方明白我们很在意他的想法。

妙用激将法，让对方不得不让步

通常一个人的行为不仅受理智的支配，也受感情的驱使。在谈判过程中，我们可以妙用激将法，用话语促使对方放弃理智，凭着一时的感情冲动去作出一些决策或决定。假如我们想达到一定的谈判目的，而谈判对手又是一个心烦气躁的人，这时用激将法是最合适不过了。我们可以用语言激怒对方，刺激对方的自尊心和虚荣心，使其理智程度降到最低，从而实现我方的谈判目标。例如，"不是我小看贵公司，估计你们压根就拿不出足够的资金来购买我们的产品，我们即便是再降价，你们也只是说说而已"。沉不住气的谈判对手听了这样的话常常会怒火攻心,在这样的情况下,他们会为了证明自己的能力而做出不利于自己的决策。当然,我们也就能顺利达到自己的目的了。

谈判实景:

某橡胶厂有一套价值200万元的进口的现代化生产设备,但由于原料与技术力量跟不上,搁置了4年都没有使用。后来,新任的厂长决定将这套设备转卖给另外一家橡胶厂。在正式谈判之前,该厂了解到对方经济实力雄厚,但大都已经投入了生产,如果要马上拿出200万元来添置设备,有很大困难。还有就是对方厂长年轻好胜,从来不甘示弱,经常以拿破仑自诩。了解到这些情况后,橡胶厂派了张小姐作为谈判代表前去洽谈。

谈判桌上,张小姐说:"昨天在贵厂转了一整天,详细地了解贵厂的生产情况。你们的管理水平确实令人信服,您年轻有为,能力非凡,真让人钦佩。"那位厂长谦虚地回答:"哪里哪里,我向小姐致谢,还希望得到小姐指教。"张小姐回答:"我向来不会奉承,实事求是是我的本性,贵厂今天办得好,我就说好;明天办得不好,我就会说不好。"

那位厂长说到了设备的事情:"小姐对我厂设备的印象如何?不是说把一套现代化设备卖给我们吗?"张小姐回答:"贵厂现有的生产设备,在国内看,是可以的,至少三五年内不会有什么大的问题。关于转卖设备的事情,我只有一个疑

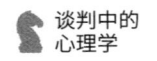

问：我怀疑贵厂是否真有经济实力购买这样的设备。"

对方厂长听到这些，觉得受到了轻视，十分不高兴，他炫耀地介绍了自己橡胶厂的实力，当即答应买下那价值200万元的设备。最终，张小姐成功地将"休息"了4年之久的设备转卖给了那位厂长。

在现代谈判中，运用激将法赢得谈判成功的例子有很多。每个人都有自尊心，他们最讨厌的就是自己的自尊心被轻视。在谈判中，如果直截了当地给他以贬低、刺痛，激怒他，给他"泼冷水"，就能够使其丧失理智，而作出有利于我方的决定。

谈判心理策略分析：

1. 因人而异

当然，运用激将法需要因人而异，也就是搞清楚谈判对手的性格脾气、思想感情和心理。对于那些富于理智的明白人，则不宜使用这种方法；对那些自卑感强、谨小慎微以及性格内向的人，也不宜使用这种方法，这样只会让他们丧失信心，甚至让他们愤怒。

2. 拿捏好一定的"火候"

在谈判中使用激将法，还需要掌握好刺激的火候。如果火候太过，会给谈判对手造成一定的压力，使对手产生逆反心理，他们还会坚持自己的观点；若是火候不够，不疼不痒，则难以达到刺激的目的。

小小手势，能彰显非语言的力量

在日常谈判中，一个人在与人交谈的时候，面无表情、没有动作是不可能的，尤其是当一个人对自己有些不自信的时候，他们的手部往往会情不自禁地做出一些泄密的小动作。现代科学研究表明，手是人体中触觉最敏感、肢体动作最多的部位。那么，我们可以通过观察一个人说话时的手势，以此来捕捉对方内心潜藏的信息。而且，手势也是可以展露一个人的内在信心。如果一个人对自己充满了自信，那么，他的这种心理会通过手势表现出来，达到彰显自我的目的；相反，若是一个人对自己缺乏应有的自信，他这样的心理也会在手势中展露无遗。

谈判实景：

没有找好下家就辞职的小王，这段时间正忙着赶场面试。这天下午，他接到了两个面试通知，都是他比较喜欢的工作。于是，他把一家公司的面试安排在了上午，而另一个安排在了下午，中午还能吃个饭休息休息。

可是，等到面试那天，小王却破天荒地睡过了头，起来的时候已经九点半了。他急忙洗漱，整理面试资料，等赶到公司已经是十点半了。他刚气喘吁吁地坐下，经理就走了进来，没说两句，公司副总也走了进来，他们是想看看这里的面试情况。

顿时，小王的紧张一下子就到了顶点，在介绍自己工作经验

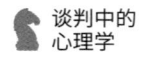

时不自觉地摸自己的鼻子，尽管他并没有感冒，也没觉得自己鼻子有多痒。副总脸上露出了不耐烦的表情，小王的心更慌乱了，本来自己昨天还做了准备工作的，可是，一紧张什么都忘记了。一会儿，副总就出去了，剩下的面试官问了几个无关痛痒的问题，就匆匆结束了面试。小王明白，这次的面试是让自己搞砸了。

一个人在说话的时候摸鼻子，给人的第一印象就是不太自信，而小王正是因为这个小小的动作失去了一份好的工作。如果小王手心向上，两手向前伸出放在腿上，手的位置基本上与腹部等高，这样的姿势就会给面试官一种他很坦诚的感觉，并使对方觉得他充满着热情与自信。当然，在面对他人的时候，手势不能自信过头，以至于让人感觉容易受到攻击，比如将双手握得太紧，手指交叉，这就会给人握紧拳头想要打人的感觉。

谈判心理策略分析：

在与他人的相处过程中，如果你希望你所说的话被对方接受，那么，就应该树立信心，不要妄自菲薄。如此一来，你的身体语言就会像你说的话一样令人信服。通常情况下，我们在进行语言表达的时候，为了辅助语言的表达效果，会适当地增加肢体语言，在这时，彰显自我的手势恰好能起到辅助语言表达的效果。所以，在说话的时候，要常用这样的手势，以此彰显自我。

那么，哪些才能算是彰显自我的手势呢？

1. "寻求信心"的姿势

通常情况下，一个女性常见的"寻求信心"的姿态是：把手缓慢而优雅地放在颈部，当然，如果戴了项链，那这样的手势就会被掩盖住了。还有一种"寻求信心"的姿势是紧握自己的手掌部分，这样的手势会传达出一个人因焦虑等原因而出现信心不足的情况。

2. 塔尖式手势

塔尖式手势就是指将双臂放在桌面上，十指对应相抵，与拜佛的手势极为相似，但掌心是分开的。心理学家认为，那些自信的人经常会用到这样的手势，以显示自己的高傲姿态。有时候，上级对下级，也会出现这样的手势，向下级传递的信息是"情况早在我的意料之中"。另外，这一手势在从事会计、律师等行业的人身上，也使用得比较普遍。

塔尖式手势有公开与隐藏这两种形式，女性的塔尖式动作是隐蔽性的典型，她们坐着时会把手放在膝盖上，在站着时将合着的手轻放在及腰的位置。研究专家发现，那些自视越高的人，塔尖式的位置也就越高。有时候，甚至会出现齐眉的动作，这样一来就像是从手缝中看人。

3. 热情而自信的手势

当我们向人们解释某些问题的时候，让我们其中的一只手自然地放在一边，或采用手心向上的动作，这样的手势显得热情而自信。如果你对自己所说的话有很大把握，可以先将一只手掌心向下向前伸，然后从左向右做一个大的环绕动作，就像你能用手覆盖住要表达的主题一样，这样说明一切尽在你的掌握。

第07章　破除障碍，如何运用心理策略打破谈判僵局

> 在实际谈判中，僵局是一种客观存在，不能完全避免，不过一旦出现了也不要惊慌失措。导致僵局出现的原因有很多，而根据原因的不同，僵局可以分为不同的类型。我们只有认清僵局出现的原因，然后对症下药，采取灵活而又具有针对性的策略，才能化险为夷。

谈判中的语言失误，用幽默法轻松化解

俗话说："人有失足，马有失蹄。"在日常谈判中，总会出现话语失误的现象，这是不可避免的。虽然，这其中的原因各不相同，但话语失误所造成的后果却是极为相似的，或贻笑大方，或纠纷四起，甚至难以挽回。尤其是在谈判的过程中，假如你无心造成了言语失误，那可是相当尴尬的情形，因为对方就坐在你对面，你还能怎么办呢？说出去的话就犹如泼出去的水，覆水难收。但有时我们还是可以挽回场面的，这就需要敏捷的思维能力和快速的反应能力。失言是一种话语表达的错误，只要你能及时找到挽救的方法来进行补救，就能在某种程度上降低失言带来的损失。

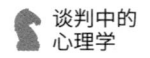

谈判实景一：

司马昭与阮籍正在上早朝，忽然有侍者前来报告："有人杀死了你的母亲！"放荡不羁的阮籍不假思索地说："杀父亲也就罢了，怎么能杀母亲呢？"此言一出，满朝文武议论纷纷，认为他"有悖孝道"。阮籍也意识到自己言语的失误，忙解释说："我的意思是说，禽兽只知其母而不知其父。杀父就如同禽兽一般，杀母呢？就连禽兽也不如了。"一席话，竟使众人无可辩驳，而阮籍也因这一番话而避免了杀身之祸。

当庭言语失误，这是何等的严重，稍有甚者就会惹来杀身之祸。不过阮籍是何等的机智与聪明，他凭借着敏捷的思维及时补救了自己言语的失误，借题发挥，巧妙而幽默地平息了众人的怒气。在谈判过程中，失言后首先要做的就是采取一定的补救措施或矫正之术，去缓解言语失误带来的尴尬情形，否则你就会被听众所厌恶。

谈判实景二：

有一次，纪晓岚光着膀子与几人在军机处聊天，正巧乾隆带着几个随从突然到访，其他人一见皇帝来了，连忙上前接驾，躲在后面的纪晓岚心想：如果自己就这样光着膀子接驾，岂不是犯了亵渎万岁之罪？说不定皇帝并没有发现自己，还是先躲一下为好。于是，纪晓岚急忙钻到了桌子底下藏了起来，其实这一举动已经被乾隆看在眼里，他故意装作没看见，在椅子上坐了下来。

第07章
破除障碍，如何运用心理策略打破谈判僵局

纪晓岚在桌子底下缩成一团，大汗淋漓，却不敢出声，过了很长时间，他没听见乾隆说话的声音，以为他走了，就问身边的同僚："老头子走了没有？"这话被乾隆听见了，他厉声问道："纪晓岚，你见驾不接，朕且不怪罪于你，你叫朕'老头子'是什么意思？你要一个字、一个字地给朕说清楚，否则，别怪朕无情！"纪晓岚吓得半死，连称："死罪！死罪！"接着，慢慢解释道："万岁不要动怒，臣称您为'老头子'，的确是出于对您的尊敬。先说'老'字，'万寿无疆'称'老'，我主是当今有道明君，天下臣民皆呼'万岁'，故此称您为'老'。"乾隆听了点点头，纪晓岚继续说道："'顶天立地'称为'头'，我主是当今伟大人物，是天下万民之首，'首'者，'头'也，故此称您为'头'。至于'子'嘛，意思更明显。我主乃紫微星下界，紫微星，天之子也，因此天下臣民都称您为天'子'。"乾隆听了，笑了，这事就这样过去了。

当着那么多的人对皇帝失言，那可是严重的事情，弄不好自己脑袋就要"搬家"了。但思维敏捷的纪晓岚却异常冷静，慢慢解释，补救自己的失言，在回答的过程中，他言语诚恳，态度谦逊，语言幽默风趣，以灵敏的应变能力巧妙地化解了话语失误带来的难堪，也得到了乾隆皇帝的肯定。

谈判心理策略分析：

在日常谈判中，一旦自己言语失误了，即便你尚未找到任

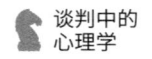

何解决的办法，但只要能主动承认自己的失误，并向在场的谈判对手道一声"对不起"，如此定能赢得听众的谅解和认可。反之，有的人言语失误了非但不觉得羞愧，反而说得更起劲，这样的人就只能让听众生厌了。

那对于谈判过程中的言语失当，我们该如何应对呢？

1. 寻找挽救的办法

即便言语失误了，你也依然能够用语言来进行弥补，当然这其中是需要灵敏的思维以及绝妙的技巧的。只要你懂得随机应变，就能够弥补自己言语失误的过错，比如将错话加在他人头上"这是某些人的观点，我认为正确的说法应该是……"。又或者将错就错，干脆重复肯定，然后巧妙地改变错话的含义，将本来错误的说法变成正确的说法。

2. 诚恳道歉

如果是自己的无心造成了言语上的失误，形成了尴尬的局面，那我们应该诚恳地向对方道歉，以坦率的胸襟来面对自己的失误，以诚恳的态度赢得对方的认可。

打破僵局，重新开启谈判局面

有时候，在商务谈判过程中，由于双方所谈问题的利益要求差距比较大，而彼此又不肯做出让步，就会导致双方因暂时不可调和的矛盾而形成针锋相对的局面。谈判桌上之所以出

第07章
破除障碍，如何运用心理策略打破谈判僵局

现这样的局面，其原因是双方的观点、立场的交锋是持续不断的，当利益冲突变得不可调和的时候，僵局便出现了。当僵局出现后，如果不进行及时地处理，就会对接下来谈判的顺利进行产生不利的影响。当然，谈判过程中出现针锋相对的局面，并不等于谈判破裂，不过，它会严重影响到谈判的进程，在这时，我们需要巧妙机智地缓和场面，打破僵局，适时选择有效的方案，重新回到谈判桌上来。

有时候，谈判的一方会故意制造僵局，他们有意给对方出难题，扰乱视听，甚至引发争吵，这样，迫使对方放弃自己的谈判目标而向他们的目标靠近；有时候，则是双方对某一问题坚持自己的看法和主张，产生了意见分歧，这样越是坚持各自的立场，双方之间的分歧就会越大。当然，不管出于何种原因导致的僵局，作为谈判的一方，我们应该及时以巧妙的策略缓和场面，促进谈判的顺利进行。

谈判实景一：

卡普尔任美国电报电话公司负责人的时候，在一次董事会上，众位董事对他的领导方式提出了质疑，顿时，会议气氛变得异常紧张。

一位女董事率先发难："公司去年的福利，你支出了多少？"卡普尔回答："900万美元。"那位女董事当场惊叫起来："天啊，你疯了，我真受不了。"听到如此尖刻的发难，卡普尔轻松地回了一句："我看那样倒好！"这时，会场意外

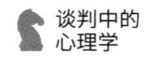

地爆发了一阵笑声,就连那位女董事也忍俊不禁,紧张的气氛也随之缓和了下来。

谈判是正式的谈话,很容易在彼此之间形成一种严肃而又紧张的气氛。谈判双方就某个问题发生争执,各持己见,互不相让,横眉冷对,这样的环境容易使人产生压抑的感觉。当然,谈判处于这样的环境,是很不利于整个谈判的进行的。这时,不妨幽默一下,以巧言缓解僵局,将原本严肃而紧张的气氛变得愉快、和谐,那么,谈判桌上争论了几个小时无法解决的问题,在这时或许就会迎刃而解了。

谈判实景二:

某跨国公司总裁访问一家中国著名的制造企业,商讨合作发展事宜。中方总经理很自豪地向客人介绍说:"我们公司是中国二级企业……"这时,翻译人员很自然地用"Second-Class Enterprise"来表述。

不料,该跨国公司总裁听闻此言,本来兴致很高的他突然间变得冷淡起来,敷衍了几句,立即起身告辞。在回去的路上,他抱怨道:"我怎么能同一个中国的二流企业合作?"

在谈判过程中,有时候就连一个小小的沟通障碍,也会直接影响到谈判的顺利进行。而一旦遇到了僵局,整个谈判场面就冷掉了,如同结了冰的河流,交流无法继续。这时候,如果处理不好就会导致谈判无法顺利进行,所以,不妨巧言一句"破冰"开,不仅能够很好地化解尴尬,还会使交流更畅通无阻。

谈判心理策略分析：

在谈判过程中，针锋相对的局面随时都有可能发生，任何话题都有可能形成分歧与对立。从表面上看，僵局的产生往往是防不胜防的，但其实，真正令谈判陷入危机的是双方感到在谈判中实际与期望相差甚远。对此，谈判专家总结说："许多谈判陷入僵局甚至破裂是由细微的事情引起的，诸如谈判的双方代表性格的差异、个人的权力限制等。"那么，我们该如何打破僵局，重新开启谈判局面呢？

1. 冷静思考

在谈判过程中，有的人会脱离客观实际，盲目地坚持自己的主观立场，甚至忘记了自己谈判的出发点。固执己见往往会引发矛盾，当矛盾激化到一定程度就会形成僵局。所以，谈判的一方在处理僵局的时候，要防止过激情绪带来的干扰。在僵局出现的时候，要头脑冷静，这样才能理清头绪，正确分析问题，也才能有效打破僵局。

2. 协调双方的利益

当谈判双方在同一个问题上发生尖锐对立，且各自有自己的理由，谁也说服不了对方，又不能接受对方提出的条件时，整个谈判就会陷入针锋相对的局面。这时候，作为谈判的一方，应认真分析双方的利益所在，只有平衡了彼此的利益关系，才有可能打破僵局。有效的方法是：双方从各自的眼前利益和长远利益两个方面来看问题，协调平衡，寻找出双方都能

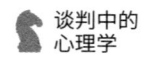

接受的平衡点，从而达成最终的协议。

3. 顺水推舟

有时候，对方无意之中出了糗，感到很尴尬，这时候你不妨顺着他这个糗事，使当事人摆脱尴尬。例如，服务员不小心把酒洒到了将军的秃头上，将军只是笑着说："小伙子，我这脑袋秃了二十多年，你这个方法我也试过，可是根本不管用，但还是谢谢你！"

4. 巧借情景做文章

有时候，谈判进行中会遭遇突发事件，若处理不当就会造成尴尬的局面，这时候可以采用"情景法"。例如，大学教授跌倒了，引来同学们哄堂大笑，但他却说："人生就是这样，跌倒了爬起来，再跌倒了再爬起来。这样，你才会更坚强，更成熟。"

机智应对，灵活打破僵局

在商务谈判过程中，尤其是在谈判进入实质性磋商阶段，谈判双方往往会因为某种原因僵持不下，陷入进退两难的境地，我们通常称为"谈判僵局"。尽管双方都不希望出现僵局，实际上谈判僵局还是常常发生的。僵局的持续肯定会给谈判双方带来极大的压力，甚至导致谈判败局的产生。所以，一旦僵局形成，必须快速地处理，而要想妥善地打破僵局，就必须对僵局的性质、产生的原因等问题进行透彻地了解和分析，然后加以正确地判断，按照僵局的情形采取相应的策略和技巧，选择有效的方案，使谈判得以继续。

谈判实景一：

一个果品公司业务员到苹果产地与一位老果农谈判收购价格。业务员问："多少钱一斤？"老果农回答："8毛。"业务员问："6毛钱行吗？"固执的老果农回答："少一分钱都不卖。"业务员继续道："你别太抠了，做买卖咋像女人一样呢？来点痛快的。"老果农立即横眉冷对："你小子才是女人！吃饱了撑得跑这儿打架来了。"说完摩拳擦掌，业务员见这阵势赶紧跑了，边跑还边说："不卖拉倒，烂了活该！"

过了几天，果品公司派了另外一位业务员前来谈判，他先是客气地叫了声："大爷，忙着呐。"然后一边掏出香烟恭恭敬敬地递给了老果农，然后聊起了地里的收成，业务员说："农民不容易，辛辛苦苦就指望这时候有个进账了。"最后谈到了水果收购价格，业务员说："咱们都是实诚人，交个朋友吧，6毛5一斤我全包了。"结果，双方很快就做成了这笔买卖。

在这个谈判案例中，所使用的破冰策略就是"审时度势，及时换人"。谈判过程中通常不会换人，不过由于形势的忽然变化，谈判双方的感情伤害已经无法全面修复，一方对另一方不再信任之时，就要及时更换谈判代表。通过换人化解僵局，

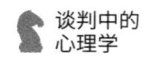

打开局面。己方由于涉及对方人格、人权、生活习惯或民族的、政治的信仰，造成失误而为对方所不容，那先及时向对方道歉甚至做深刻的检讨，如果对方依然不接受，那就要更换谈判代表。

谈判实景二：

美国一家公司代表与中方某电缆厂进行购买无氧铜主机组合炉谈判时，报价从220万美元、150万美元下滑至130万美元，而中方代表依然不同意签约，于是美方代表大叫："你们毫无诚意，不谈了！"中方代表说："这样高价还谈什么诚意，我们早就不想再谈了。"美方见中方不为所动又坐下来交涉，下了最后通牒："120万美元，不能再降了！"结果谈判破裂，美方拿着已经订好的机票与中方做告别性会晤。

这时中方才拿出两年前美方以95万美元将组合炉卖给匈牙利的资料让对方看，美方惊叫道："这是两年前的事情了，现在价格自然上涨了。"中方代表反驳："不，物价上涨指数是每年6%，按此计算价格是106.7万美元。"美方代表顿时瞠目结舌，想不到对方还有这样一手。最后，双方以107万美元达成交易。

谈判在陷入僵局之前，谈判的一方往往使出最后通牒，迫使对方就范。这时己方不妨多听少说，多问少答，冷眼旁观，沉着应战，采用后发制人的策略，不到关键时刻不拿出撒手锏，等到时机一到，反戈一击，常常可以出奇制胜。

谈判心理策略分析：

在谈判出现僵局时，我们需要灵活应对：

1. 以柔克刚

有时候对方会有意识地制造僵局，目的在于试探己方的实力、决心和诚意，在这样的情形下，假如对方的开价在己方允许的范围之内，不妨以弱者的态度应对，不断声明自己的立场、观点和诚意，而且做一些小的让步以满足对方的虚荣心。你给对方面子了，自然就顺势打破了僵局。

2. 坚持原则

己方的底线已经到达了极致，别无他法，只有坚持原则，以硬碰硬。因为对方把僵局当作一种策略使用，并非希望中断谈判无功而返。在你制造僵局的时候必须是对方对于你给他们的那些东西很感兴趣，否则他们并不会理睬你。谈判者遇到策略性僵局时应当委婉地点破对方，让对方明白己方不是傻瓜，对其作为和目的是心知肚明的，以求尽量理智而体面地打破僵局。

3. 暂停休息

有些僵局往往是双方在商务谈判中由于激烈的气氛造成情绪失控而引发的，其中大部分是由于言辞不当。比如一方说"价格太高，你们简直是漫天要价"，而另一方则反击"那你开的这个价格更是闻所未闻，难道要我白送给你"。于是，僵局出现了。

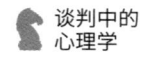

在谈判中双方就某个问题发生争执，矛盾尖锐、声调升级，情绪处于失控期，冷战变为热战，讨论问题变为人身攻击之时，需要及时休息，脱离接触。双方都需要在心态上进行修复，用时间缓冲一下，调整失控的心理以转换气氛，以免把僵局变成死局。

4. 诚恳面对

现代社会，生意往来往往是建立在人际关系的基础上，人们总是愿意和他所熟知的人、信任的人做买卖。所谓"买卖不成仁义在"，生意场上是对手，私下里是朋友，获得信赖的最重要的前提就是待人诚恳，当谈判陷入僵局之时，可通过一些有说服力的资料，如市场行情、产品质量、售后保证等来劝说、提醒、引导对方。只要你保持诚恳的态度，耐心地说服，有理有据，那对方就会做出相应的让步，僵局也会随之打破。

5. 存异求同

在谈判过程中，对于涉及双方经济利益的重大分歧，谈判往往在推进中会遇到巨大的障碍，稍有不慎就会陷入僵局。假如对方在质量上苛求你，那你就谈服务；假如对方在服务上苛求你，那你就谈条件；假如对方在条件上苛求你，那你就谈价格；假如对方在价格上逼迫你，那你就谈质量。以迂为直，这就是智慧谈判家的技巧，聪明的谈判者总是在僵局中反复斟酌，冥思苦想，最后找到解决问题的钥匙。

遭遇对手挑衅，如何巧妙化解

在谈判过程中，有时候我们会遇到对方的挑刺或者故意刁难，这时不可避免地会将自己陷入困境中。在这样的情况下，我们该如何扭转乾坤，让那些故意刁难者知难而退呢？其实，这需要一定的思维能力，快速地想到扭转局势的办法，否则如果你只能傻傻地在那里站着，那只会让那些故意为难你的人更得意，同时，也会让所有的听众看笑话。当然，这需要一定的方法以及技巧，才能巧妙地化解尴尬，为自己解围。

在谈判场合，如果你遭受到了对方恶意地顶撞、攻击、讽刺挖苦或者出言不逊时，这时不要以牙还牙、针锋相对，这样会让局面发展到更加不可收拾的地步。而是要将对方的讥讽之词当作前提，作为铺垫、条件，顺势表达出自己内心的看法。

谈判实景：

美国曾有个政界要人叫凯升，20世纪40年代他首次在众议院里发表演讲时，打扮得土里土气，因为他刚从西部乡村赶来。

一个善于挖苦讽刺的议员，在他演讲时插嘴说："这个伊利诺伊州来的人，口袋里一定装满了麦子吧？"这句话引起哄堂大笑。

凯升并没有因此怯场，他很坦然地回答："是的，我不仅口袋里装满了麦子，而且头发里还藏着许多菜籽儿呢。我们住在西部的人，多数是土里土气的。不过我们藏的麦子和菜籽

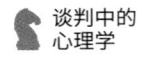

儿，能够长出很好的苗来！"

这句话立刻使凯升的大名传遍全国，人们送给他一个外号——伊利诺伊州的菜籽儿议员。这位菜籽儿议员采用的正是顺势牵引法。他深知顺势的道理，把对方的冷嘲热讽当作可以利用的交通工具，顺路搭车，一路顺风地抵达了自己的目的地。

谈判策略心理分析：

那么，在日常谈判中，我们该如何利用思维能力来替自己解围呢？

1. 顺势牵引

顺势牵引法的特色是不作正面抗衡，而是在迂回的交谈中，顺着对方的话说下去，借力胜敌，从而顺利达到自己的目的。有时在面对对方不怀好意地提问时，我们不要针锋相对，也不要给予对方正面回答，巧妙采用迂回战术，顺着对方的话说下去，把对方的讽刺挖苦当作可以利用的工具，顺势牵引后再找出反驳的话语，打消对方的气焰，使自己摆脱困境。

2. 顺水推舟

对手中难免有恶意的刁难者，他们会在说话过程中故意提出一些带歧视、轻视、敌视性的问题。对待这些刁难者，说话者不能像对待善意的质疑者那样，而是应该不客气地给予回击。但是这样的回击要讲究技巧，不能直接回击，而是需要灵活采用顺水推舟的方法。例如，你会面对一些刁难者的恶意提问，如果你不顺水推舟把问题巧妙地回答了，他就有可能提出更尖锐的问题。

3. 避实就虚

有时候你不需要正面去回答那些故意刁难你的问题，你可以避开要害问题，谈论一些无关紧要的话题，以此转移人们的注意力。

4. 欲扬先抑

有时候，谈判对手会提出一些很刁钻的问题，可能你的回答恰好中了他的圈套，这时你不妨先承认他的观点，然后再巧妙地提出你的观点并使他接受。

第08章　对抗与博弈，谈判本就是一场心理较量

> 任何谈判都避免不了针锋相对的白热化阶段，在这时谈判双方就抛开了一些虚套和客气，从各自的利益出发，唇枪舌剑、左冲右突，竭力使谈判向着有利于自己的方向发展。不过，在这个过程中，我们要切记谈判的宗旨：以和为贵，不失原则。

小心对手给出的心理"干扰"

一个人的情绪对活动有着相当重要的影响。对于个人而言，如果我们能够敏锐地察觉他人情绪，善于控制自己的情绪，巧于处理人际关系，就更容易获得事业的成功。商务谈判情况复杂多变，双方的情绪也会随之波动，谈判过于情绪化，对谈判本身是毫无益处的。作为谈判的一方，须对双方的情绪进行有效地调控，使商务谈判可以按照预期的方向发展。当然，商务谈判中并非张牙舞爪、气势夺人就能占据主动，反而是那些喜怒不形于色、情绪不被对方所引导、心思不被对方所洞悉的人更能克制对手。所谓致柔者长存，致刚者易损，如果想成为商务谈判的高手，那势必要谨慎应对对方的情绪干扰。

感情泄露在谈判中有时双方都难以控制，个人的情绪还

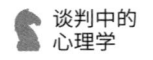

有一定的传染性。有时处理不当，矛盾激化，促使谈判陷入不可挽回的境地。双方为了顾及"脸面"而彼此绝不作出任何让步，结果双方就难以再合作下去。对待和把握谈判者的感情也是解决谈判问题的一个重要方面。在商务交往中，每个人的情绪高低可以决定谈判的气氛，怎么样对待谈判者的情感表露，尤其是处理好谈判者的低落情绪，甚至是愤怒的情绪，对今后双方的进一步合作有深远的影响。

谈判实景：

巴西一家公司到美国去采购成套设备，巴西谈判小组成员由于上街购物耽误了时间，当他们到达谈判地点时，比预定时间晚了45分钟。美方代表对此极为不满，花了很长时间来指责巴西代表不守时，没有信用，总是这样下去的话，以后许多工作是难以合作，浪费时间就是浪费资源和金钱。

对此，巴西代表感到理亏，只好不停地向美方代表道歉。谈判开始之后，美方好像还对巴西代表迟到一事耿耿于怀，一时间弄得巴西代表手足无措，说话处处被动，更没有底气与美方代表讨价还价，对美方提出的很多要求也没有静下心来认真考虑，匆匆忙忙就签订了合同。

等到合同签订以后，巴西代表平静了下来，头脑不再发热，这时才发现自己吃了大亏，上了美方的当，不过为时已晚。

这是一个挑剔式开局策略的运用，在谈判开局就对对手的某项错误或礼仪失误严加指责，使其感到内疚，从而达到营造低沉气氛，迫使对方让步的目的。在上面的案例中，美方代表成功地使用挑剔式开局策略，迫使巴西代表自觉理亏，在来不及认真思考的情况下就匆忙签下对美方有利的合同。

谈判心理策略分析：

在日常谈判中，谈判者的因素除了观念问题之外，情感表露也会对谈判产生重要的影响。当然，谈判者总是期望对手的情绪泄露可以有助于谈判的顺利进行，比如谈判对手刚刚新婚，或者刚做了一笔漂亮的生意，这让他在谈判中不禁喜形于色，对方高昂的情绪可能就使谈判十分顺利，很快达成协议。但是，我们也会遇到某些不如意的对手，情绪低落，甚至有可能对我们大发雷霆。那么，此时我们应该如何应对呢？

1. 关注和了解双方的情绪

假如谈判对手表现得十分生气，或冲着你大发雷霆，那你一定要密切关注对方的情绪变动，同时也要注意自己的情绪。我们应该弄清楚对方生气的原因，是对方在寻找策略的途径，还是对方代表的个人家庭出现了问题，或许说对方只是想通过情绪干扰来赢得我们的让步，还是对方在束手无策的情况下的一种情感宣泄。只要我们弄清楚对方情绪大变的原因，那就能找到解决办法。不过在对方情绪不稳的情况下，不宜急于作出解释和澄清。

2. 让对方的情绪得以发泄

在谈判过程中，当对方的情绪还在发泄时，并不是解决问题的最好时机。这时最佳方法就是静静地倾听，不宜还击对

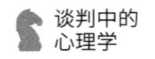

方。为了能够让对方的情绪稳定下来，应该引导对方将原因说清楚，让对方将心中消极的情绪发泄出来。

3. 缓解情绪冲突

在商业谈判中，个人情感的输赢是没有实质性意义的，弄清谁是谁非并不是最终的目的。谈判者追求的是在双方利益都实现的基础上取得双赢的局面。所以，在缓解情绪冲突的时候，有些象征的体态语言往往可以起到意想不到的使局面出现逆转的作用，如握手，赠送礼物，请吃饭等。智慧的谈判者会觉得用行为表示道歉是谈判中成本最小，而回报最高的投资。

不同对手，有不同的应对策略

商务谈判是指买卖双方为实现某种商品或劳务的交易活动，也是多种交易条件进行的协商活动。当然，谈判是一项技术性和技巧性较强的活动，成功的谈判不仅要求谈判者能够熟练地运用各种计谋，还要求他们能够灵活地运用各种技巧。当然，由于谈判者文化、修养、性格、地位以及经历的不同，往往就会表现出不同的谈判风格和特点，他们使用的谈判策略也是有所区别的。这就要求谈判者根据对手不同的风格和特点，采取不同的谈判策略。

第08章
对抗与博弈，谈判本就是一场心理较量

谈判实景：

一位英国商人很不幸地欠了一位放高利贷者一大笔钱，而且他自己没办法还清这笔借款，这将意味着他不但会破产而且必须长时间孤独地被关在地方债务人监狱。但是，放高利贷者提供了另外一个解决办法。他建议，假如这个商人愿意把漂亮年轻的女儿嫁给他，作为回报，借款就可以一笔勾销。

这位放高利贷者又老又丑，而且声名狼藉。商人对这样的建议感到很吃惊。但是，这位放高利贷者是一个狡猾的人，他提出让命运做决定，对此，他给出这样的建议：在一个空袋子里放入两颗鹅卵石，一颗是白的，另一颗是黑的。商人的女儿必须伸手入袋取一颗鹅卵石。如果她先取出黑鹅卵石的话，就必须嫁给他，并且债务也算偿清了。如果她不选鹅卵石的话，那就没什么可谈了，她的父亲必须被关在债务人监狱。

商人以及他的女儿只好同意，放高利贷者弯下身拾取两颗鹅卵石，放入空袋。商人的女儿用眼角瞥到这个狡猾的老头儿选了两颗黑鹅卵石，好像自己的命运已经被判定了。商人的女儿似乎没有强大的谈判态势，尽管放高利贷者的行为很不道德，但是如果揭穿他的伎俩，他就会采取强硬的手段，那自己的父亲肯定进监狱。假如不揭穿而选择一颗鹅卵石，那自己就必须嫁给这位丑陋的放高利贷者。

商人的女儿很聪明，了解自己，同时也了解自己的对手。她清楚自己的对手是一位不择手段的狡猾者，她知道根本不

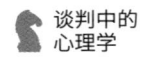

可能与他进行面对面地较量。想好了对策之后，她把手伸入袋子，取一颗鹅卵石，不过在就要判定颜色之前，她假装笨拙地摸石、取石，结果失误，鹅卵石掉到了路上，很快与路上其他的鹅卵石混在一起，没办法辨别。女孩惊呼："哦，糟糕，我怎么这么不小心，不过没关系，先生，我们只要看看在你袋子里留下的鹅卵石是什么颜色，便可知道我所选的鹅卵石的颜色了。"

由于谈判对手是一个狡猾的人，商人的女儿在仔细地衡量相关因素之后，运用策略，为自己赢得有利的条件。在赢得谈判之后，她揭穿了放高利贷者不道德的行径，然后和已偿清债务的父亲回家。她最终取得了成功，是因为她在判定比赛规则对她不利的情况下，巧妙地利用游戏规则，变劣势为优势。

谈判心理策略分析：

那我们在谈判中如果遇到不同类型的谈判对手，该如何应对才不至于被对方牵着鼻子走呢？

1. 盛气凌人的谈判对手

通常盛气凌人的谈判者往往会占据主动的一方，表现为比较注重信誉，会认真履行已经承诺的事项，不过态度通常比较傲慢。若是遇到这样的谈判对手，我们可以采取以柔克刚策略、争取承诺策略、更换方案策略、黑白脸策略等。在谈判过程中我们要避其锋芒，以计制强，以静观动，以持久战来削弱对手的耐力，寻找有利的突破口，促使谈判顺利进行，以达到预期效果。

2. 诡计多端的谈判对手

在日常谈判中，我们经常会遇到诡计多端的谈判对手，这样的对手比较狡猾，不容易对付。他们会使用各种计谋和手段来诱惑己方做出让步，试图达到自己的目的。一旦遇到这样的对手，我们一定要沉着应对，以不变应万变，可以采取反车轮策略等。不管在什么样的情况下，我们都要保持清醒的头脑，不断揭穿对方的"阴谋"，争取主动，运用多种谈判技巧迫使对方作出让步。

3. 循规蹈矩的谈判对手

通常循规蹈矩的谈判者不太容易接受别人的意见，一般都是按照规章制度和领导意图办事。所以，我们在遇到这样的对手时，可以以守为攻，并且准备好充分、详细的资料，让谈判对手对自己的方案产生兴趣，利用对方的漏洞与弱势，组织进攻，增强谈判力度。

4. 自我保护的谈判对手

通常自我保护的谈判对手自我意识较强，对外界的暗示比较敏感。对此，谈判者可以一方面适当满足其虚荣心，另一方面要抓住对方的弱点，展开攻势，让对方妥协。可以使用投其所好策略、顾全面子策略等。当然，我们在实践中要灵活应用，不能生搬硬套，否则，很难达到预期目的。

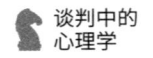

想方设法打消对方顾虑，实现谈判目的

大多数人在谈判中表达自己请求时，总觉得不好意思开口，这样的心理从话语里反应出来就是"含糊、支支吾吾"，就连具体的要求也没法说清楚。结果，话已经说完了，对方还是没有听清楚，但对方心里已经有了疑虑：既然他都说得吞吞吐吐，恐怕是不能答应下来的。通常情况下，对方都会婉拒，而你只好哑巴吃黄连——有苦说不出。事实上，如果你把自己的要求说得越具体，对方越容易接受。每个人都有一定的疑虑，实际上，对方心中有许多的不确定因素，在没有明白你究竟要干什么的时候，他是不会贸然做决定的。所以，为了化解对方心中的疑虑，我们应该把要求说得具体些，以此来消除对方的矛盾心理，令其满足我们的要求。

谈判策略心理分析：

每个人的思想都是极其复杂的，一旦他们对某事物不理解，想不通一些问题，往往就会疑虑重重，这就需要我们把要求说具体，把道理讲清楚。对方心中的疑虑消除了，自然就谈判成功了。当然，消除对方的疑虑并不是一件容易的事情，而是需要层层递进，把要求逐步说具体、说清楚，令对方更容易接受请求。我们可以参考下面几种方法：

1. 消除对方心中疑虑

在日常谈判中，我们要善于洞察对方的心理。例如，当你提出要求之后，对方陷入了沉默或者开始变得迟疑起来，这就表示对方正在考虑你的要求，而你要抓住时机消除对方心中的疑虑，比如"我觉得这件事交给你，肯定没有问题的，我相信你的能力"。

2. 弱化请求

有可能对方担心自己不能很好地解决问题，或者觉得这件事情的难度系数太大。因此，我们在提出请求的时候，要善于弱化请求，也就是把复杂的问题简单化，让对方觉得这不过是一个轻而易举的事情，比如"只要你签了这个合同，我们马上就会供应产品，这样就会实现双赢局面，你觉得呢？"。

乘胜追击，迅速拿下对手

谈判最能体现谈判者谈判能力的就是其语言水平。然而，真正的谈判，往往不是在和平的语言环境下进行的，甚至可以说，双方为了掌握谈判主动权，多半会唇枪舌剑。出于利益的对立，当你提出自己的看法和观点后，对方多半会采取否定的态度。面对这种情况，聪明的谈判者往往会借力打力，调转势头，并乘胜追击，取得胜利。

纵观古今中外，几乎所有的战争都是在两条战线上进行的，一条是血与火战场上的拼杀，另一条则是心理战场上的较量。心理战争可以说是"战争之外的战争，战争之上的战

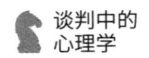

争"。将错就错、让对方自乱阵脚这一攻心术在中国的战争中表现得尤为明显。任何一位高明谈判者都知道在对方心理弱势时乘胜追击，一举获得胜利。

谈判实景：

在一次集体活动中，当大家风尘仆仆地赶到事先预定的旅馆时，却被告知当晚因工作失误，原来订好的套房（有单独浴室）中竟没有热水。为了此事，领队约见了旅馆经理。

领队：对不起，这么晚还把您从家里请来。但大家满身是汗，不洗澡怎么行呢？何况我们预定时说好供应热水的呀！这事只有请您来解决了。

经理：这事我也没有办法。锅炉工回家去了，他忘了放水，我已经叫他们开了集体浴室，你们可以去洗。

领队：是的，我们大家可以到集体浴室去洗澡，不过话要讲清，套房一人50元一晚是有单独浴室的。现在到集体浴室洗澡，那就等于降低到通铺水平，我们只能照通铺标准，一人降到15元房费了。

经理：那不行，那不行的！

领队：那只有供应套房浴室热水。

经理：我没有办法。

领队：您有办法！

经理：你说有什么办法？

领队：您有两个办法：一是把失职的锅炉工召回来；二是您

可以给每个房间拎两桶热水。当然我会配合您劝大家耐心等待。

这次交涉的结果是经理派人找回了锅炉工，40分钟后每间套房的浴室都有了热水。

谈判心理策略分析：

这里这位谈判者的谈判水平是令人佩服的。针对对方始终拒绝的态度，他为旅馆经理提出了反面建议——"那就等于降低到通铺水平，我们只能照通铺标准，一人降到15元房费了"，而这一建议自然是不可能实现的。然后，他便乘胜追击，提出了另一条建议。旅馆经理权衡之下，自然会选择后者。

表面上看来，这位领队是在"威胁"旅馆经理，但是我们发现，在整个说服的过程中，他丝毫没有表现出任何恶意，这也是旅馆经理最后妥协的原因。如果领队对旅馆的服务大加指责或者言辞激烈威胁的话，恐怕就是另外一种结果了，因为没有人愿意被真正地威胁。所谓的"威胁"策略与恶意的恐吓没有任何用处，而是对对方进行的善意提醒更有效果。我们可以运用下面几种战术来乘胜追击，拿下对方：

1. 拖延战术

谈判者若发现自己在谈判中属于实力较弱的一方，那么，你要做的一项重要工作就是尽力消耗对方的优势，变被动为主动，对此，你不妨使用拖延战术。通常来说，谈判结束的时间被称为"死线"，在一般情况下，谈判者都要保密自己的最后

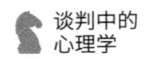

期限和"死线",因此在谈判中,往往会出现这种情况:双方都希望摸到对方在谈判中的"死线",以争取主动,与此同时,都对自己的"死线"进行严格保密。

2. 欲擒故纵

在针对谈判的"死线"的时候,谈判者可以采用欲擒故纵的拖延战术,但在运用这种战术的时候,要注意保留余地,不可拖死对方。例如,在改变与对方的谈判日程时可说,"因为还有别的重要会见"。在神秘中仍给对方一个延后的机会,待到对方等到这个机会时,会倍加珍惜。己方也要保证自己手头有"筹码"可以再次吸引对方谈判,不能使自己的地位僵化,否则,一"拖"即逝,无力再拉回对方。在采取拖延战术的时候,一定要注意自己的言论,说话要委婉,避免因从情感上伤害对方而造成矛盾焦点的转移。

3. 妙语补救

这种说话策略是能很好地帮助谈判者弥补我们已经落入对方陷阱的措施。例如,对方诱导你认可了他们的报价,你失口承诺认可了对方的报价,如果发觉得及时,可马上纠正——"当然,这个价格尚未计入关税税额",如果发觉得较迟,你可通过助手补充纠正,"请注意,刚才张先生所允诺的价格,是以去年年底的不变价计算的,因此,还需要把今年头八个月的涨价比率加上去"。当对方听到你已经巧妙绕开了陷阱后,会立即乱了方寸,这时,便是你展开进攻的时机了。

从对方兴趣入手，引入谈判话题

许多拜访过罗斯福的人，都会为其广博的知识感到惊奇，而且，在他身上有个明显的特点，那就是和谁都有共同话题。不管是纽约政客，还是外交家，罗斯福都知道与他们谈论些什么。有人问罗斯福是如何做到这一点的，他回答："我每接见一位来访者，都会在这之前的一个晚上了解有关这位客人所感兴趣的东西，以便找到令客人感兴趣的话题。"每个人都有自己的兴趣，都对和自己有共同兴趣的人有着特殊的好感。所以，当对方听到你对他的兴趣爱好也这么感兴趣，还如此了解的时候，他就会产生"同好"心理而对你倍感亲切。在实际谈判中，谈论双方共同的话题，无形之中是对他人的赞美与肯定，同时，也会使你获得对方的好感，从而消除彼此的尴尬心理，达到影响他人心理的目的。

谈判实景：

美国著名的柯达公司创始人伊斯曼，捐赠巨款在罗彻斯特建造一座音乐教堂、一座纪念馆和一座戏院。为承接这批建筑物内的坐椅，许多制造商展开了激烈的竞争。但是，找伊斯曼谈生意的商人无不乘兴而来，败兴而归。"优美座位公司"的经理亚当森也在竞争者之列，他也希望能够得到这笔价值9万美元的生意。秘书却事先申明："我知道您急于想得到这批订货，但我现在可以告诉您，如果您占用了伊斯曼先生5分钟以

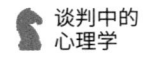

上的时间，您就完了。他是一个很严厉的大忙人，所以您进去后要快快地讲。"亚当森微笑着点头。

亚当森走进办公室，看见伊斯曼正埋头工作，于是静静地站在那里仔细地打量起这间办公室来。一会儿，伊斯曼抬起头来，问道："先生有何见教？"刚开始亚当森没有开口就谈生意，而是说："伊斯曼先生，刚才我仔细地观察了您这间办公室。虽然我本人长期从事室内的木工装修，但从来没见过装修得这么精致的办公室。"伊期曼回答："哎呀！您提醒了我差不多忘记了的事情。这间办公室是我亲自设计的，当初刚建好的时候，我喜欢极了。但是后来一忙，一连几个星期我都没有机会仔细欣赏一下这个房间。"

亚当森走到墙边，用手在木板上一擦，说："我想这是英国橡木，是不是？意大利的橡木质地不是这样的。""是的"，伊斯曼高兴地站起身来回答说："那是从英国进口的橡木，是我的一位专门研究室内橡木的朋友专程去英国为我订的货。"伊斯曼心情极好，便带着亚当森仔细地参观起办公室来，一边参观一边做详细地介绍。此时，亚当森微笑着聆听，他看到伊斯曼谈兴正浓，便好奇地询问起他的经历。伊斯曼便向他讲述了自己苦难的青少年时代的生活……亚当森由衷地赞扬他的功德心。结果，亚当森和伊斯曼谈了一个小时，又一个小时，一直谈到中午。

虽然亚当森直到告别的时候，都没有谈到生意的事情，但最后，他不但得到了大批的订单，而且还和伊斯曼成了好朋友。如果他刚开始就大谈生意，不仅他自己会面临被拒绝的尴尬，而且也会使对方产生尴尬心理。亚当森成功的诀窍，就在于他善于挖掘共同的话题，从伊斯曼的办公室入手，巧妙地赞美了对方的成就，这使伊斯曼的自尊心得到了极大满足，最终亚当森也达到了自己的目的。

谈判心理策略分析：

1. 激起对方说话的欲望

在沟通过程中，我们应该率先向对方传递友好的信息，激起对方说话的欲望。当你的话题使对方产生了浓厚的兴趣，对方就会不由自主地打开话匣子。所以，当谈话出现了尴尬场景的时候，一定要通过话题激起对方的兴趣，使谈话能够持续下去，比如"看来你对书法挺有研究的"。

2. 有效地提问

适时地提问会帮助你找到共同话题，当然，提问也是需要技巧的。为了避免造成尴尬，应该把问题尽量掌握在自己比较擅长的范围之内，问题尽量具体，比如"你喜欢去哪个国家旅行？"，这样你就可以围绕旅行途中发生的趣事展开一个话题了。

3. 找到对方感兴趣的话题

每个人都有自己感兴趣的事物或话题，我们不妨去迎合他的兴趣，积极主动地寻找共同话题，这比漫无目的地乱说一通

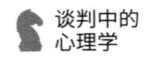

强过一百倍。例如,假如你了解到他以前是一个歌手,那么你就可以说"那时候唱歌辛苦吗?"、"感觉你声音很独特,唱歌肯定很好听"。

下篇
一锤定音,在谈判终局阶段达成利益共享

谈判进入最后的协议阶段,意味着谈判的结束、谈判合同的签订及协商谈判的后续工作。这一阶段包括报价、还价、协商、最后通牒等,优秀的谈判者善于观察和判断对方的最终意图,可以从种种迹象中判断是否成交的终局。

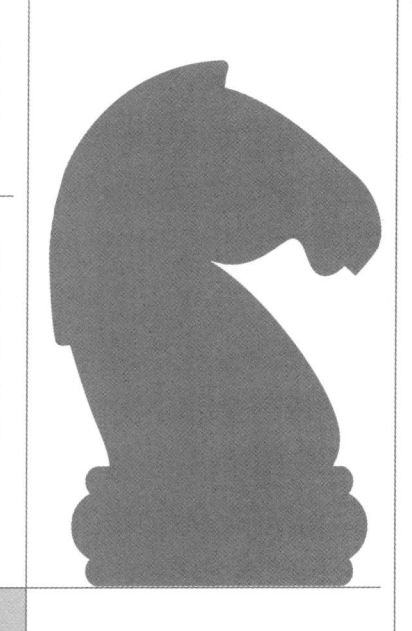

第09章 灵活应变，谈判成功的前提是抓住对方的心理软肋

> 在谈判过程中，遭遇困难是正常的现象，在似乎山穷水尽的败局面前，谈判者应该知道，不利的形势并不意味着无法挽救。谈判者面对对方施展的招数，要伺机而动，或破解，或支招，争取对方妥协，争得和局。

不战而屈人之兵，掌握谈判主动权

在日常谈判中，假如对方有存在问题的地方，你仅仅是提出建议，让对方发现自己问题的所在，从而通过这种方式来解决出现的问题。这样既帮对方解决了问题，还让对方拥有了一种成就感，何乐而不为呢？泰勒是著名的工程师，他曾经对自己的雇员使用这种方法，他说："让他们以为是他们自己构思出了那些别人逐渐灌输给他们的思想。"这样既达到了谈判成功的目的，又很好地维护了他人的自尊心，从而增强他们的成就感和自豪感。

在日常谈判中，巧妙的谈判对于业务的成败、赚取利润的多少，甚至自己未来的事业发展都有着很大影响，甚至是决定性的影响。商务谈判中，在进入会谈阶段之前，谈判双方在心

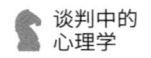

中就已经有了一个大致的目标和方案。而在谈判中最重要的，就是可以把握好谈判的关键点，控制好谈判的进程，让谈判朝着有利于自己的方向发展。在准确判断对方的意图后，再按照自己的原则立场，拿出应对的策略。同时，设法把对方思路引到自己的策略中来，这样才能左右逢源，掌握谈判的主动权。

谈判实景一：

赫斯特年轻的时候，在旧金山开了一家规模比较小的报社。一次，适逢著名漫画家纳斯特来到旧金山，赫斯特就想请他帮助自己完成一个非常重要的计划：为了安全起见，他想发动人们敦促电车公司在电车前面装上保险杠。而这需要纳斯特按他的构思给他画一幅漫画，可纳斯特替他画的第一幅画却令他不满意。纳斯特是著名的漫画家，自己又很难说动他，如何才能让纳斯特心甘情愿地为他重画一幅漫画呢？

一天晚上，在他们共用晚餐时，赫斯特大大夸赞了那幅漫画。接下来，赫斯特又说："这里的电车已经造成许多孩子或死或残。有时候，我觉得那些开车的司机就像吃人的妖精一样。他们好像从来不会思考，总是直接冲向那些在街上玩耍的孩子们。"纳斯特立即跳了起来，惊讶地嚷道："天啊，先生，我保证可以画出一张出色的漫画，请把原来的那张撕掉吧，我重新再画一张。"

于是，纳斯特兴高采烈地在宾馆挥舞着画笔，按赫斯特提供的思路，一直忙到深夜。第二天，他果然送来了可使电车公

第09章
灵活应变，谈判成功的前提是抓住对方的心理软肋

司屈服的杰作。

纳斯特是在赫斯特的巧妙诱导下主动请求重画的，还按照赫斯特的想法辛苦了大半夜，重新画了一幅漫画。在纳斯特看来，他甚至以为是自己无意中有了一个绝妙的构思。聪明的赫斯特就是这样不动声色地用这种暗示的方法把自己的思路放入纳斯特的头脑中去的。每个人总是尽可能地去表达自己的思想，如果你想让他愉快地接受你的意见和计划，最好是让他觉得这一切都是自己的想法，相信一切都源自他自己的创作，而不是按照他人的思路。不露痕迹地把自己的思想植入他人的头脑中，使得他心甘情愿地为你效力，最后他还会以为这个想法是他自己的。

谈判实景二：

多年以前，以色列一位从战场凯旋的将军回到了自己所在的城市。于是，他在这个城市的社交界身价倍增，一时之间成为众多贵妇追逐、青睐的对象。但是，这位久经沙场的将军对此却并不热衷，而且比较厌恶。但是，总有一些人对他紧追不舍，纠缠不休。有一个在当地颇有名气的女记者，几个月中一直给这位将军写信，想结识这位风云人物。

在一次当地政府特地为将军准备的舞会上，这名女记者手上拿着桂枝，穿过人群，迎着将军走来。将军躲闪不及，与女记者撞个正着。于是，女记者把一束桂枝送给将军，将军绅士般地笑了笑，言语十分恳切地说道："应该把桂枝留给缪

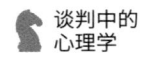

斯。"这时女记者认为这只是将军想打破歉意氛围的一句玩笑话，所以，她并不感到尴尬。

随后她继续努力地寻找话题与将军纠缠，将军出于礼貌也不好生硬地中断谈话，女记者问道："将军，您最喜欢的女人是谁呢？"将军回答说："是我的妻子。"女记者继续发问："这个太简单了，您最器重的女人是谁呢？"将军回答说："是最会料理家务的女人。"女记者再问："这我想到了，那么，您认为谁是女中豪杰呢？"将军回答："是孩子生得最多的女人。"他们就这样如同审讯犯人般地一问一答交谈着，气氛令人窒息，自然是越谈越没有进行下去的必要。这时女记者感到局促不安，也不想再自讨没趣，只好起身离去。

实际上，"顾左右而言他"，既不答应，也不拒绝，但就是不切入正题。这是一个智慧的谈判者，面临僵局，又不得不把谈判进行下去的一种计策。一旦时间久了，对方就会失去耐心，那你的目的也就达到了。

在谈判过程中，当我们发现对方的决策、意见不妥当的时候，不妨向他提出一些建议、忠告。最高明的技巧是既能提出自己的见解能够让他采纳，又让他觉得这个见解其实是他自己的想法。就是让人毫不察觉地把自己的想法传达给他的大脑，并使之接受。要让对方觉得正确结论是他自己得出来的，就是不直接去点破错误、失误之所在，而是用征询意见的方式，向他人讲明其决策、意见本身与实际情况不相吻合，使他人在参考你所提出的许多意见时，自己得出你想要说出的正确结论。这样一来，我们仅仅提出意见，就能使他人得出正确想法，我们也会因为他人正确的决策而受益，他人也会因为这个想法是他自己的而自豪不已。

谈判心理策略分析：

1. 引导对方按照自己的思路走

戴尔·卡耐基曾经说过："如果你仅仅是提出建议，而让别人自己去得出结论，就会让他觉得这个想法是他自己的，这样不更聪明吗？"有关社会学家的研究成果已经表明，人们对于自己得出的看法，往往比别人给出的看法更加坚信不疑。

因此，我们要想使自己的想法被别人接受，在许多时候应该仅仅是提出建议，其中所蕴含着的结论，最后留给别人自己去得出，而不宜越俎代庖，硬把自己的意见往别人头脑里塞。让他人觉得正确结论是他自己得出的，这可以说是我们向他人提出意见的最高艺术，它将所表达的意见，用巧妙的形式表现出来。

2. 不战而屈人之兵

孙子云，"不战而屈人之兵"。孙子认为，能够百战百胜，还不算是最高明的将帅；只有不战而使敌人屈服，那才称得上是高明中的最高明者。同样的道理，在谈判中以智取胜，巧妙提出自己的观点，让对方发现问题，并通过思考来解决出现的问题，让他人觉得那个想法是他自己的，这既容易达到谈

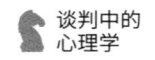

判的目的，又最大限度地保护了他人的自尊心。

面对强硬的谈判对手，如何进行心理引导

有时候我们期待许久的谈判对手并非善类，那我们所面临的选择区间就会变得十分有限。我们正在洽谈的业务丢不得，但是做这笔生意假如赔了钱，那自己作为谈判代表是一样推脱不了责任的。长时间的对峙只会让生意泡汤，而妥协则会损害自己的利益。那面对这些咄咄逼人的客户，我们该如何引导其走一条双赢的路线呢？

一位外资采油发电机总公司的销售经理，说了这样一句话："我的经验告诉我，一个优秀的销售人员可以一直说不，仍能做成生意。只有那些缺乏生意经验的销售员，才会在顾客提出无理要求的时候，还表示欣然接受。"那么，当那些咄咄逼人的客户以各种手段诱使我们接受他们的条件时，我们如何才能既保障自己的利益，又维持谈判双方良好的关系呢？

谈判心理策略分析：

1. 不要陷入圈套中

精明的对手甚至会以感情因素为诱饵来促成交易，那么我们该如何应对呢？可以选择回避，要求休会，与上司商量，或者重新安排会议，时间和地点的改变会让整个谈判场面变得不一样。当对手大声嚷嚷或主动表示友善的时候，安静地聆听，

不要做点头状，保持与对手的目光接触，神情自然，不过千万别对客户的行为予以鼓励。当他说完自己的条件之后，我们可以提出一个有建设性的计划和安排。有时候可以公开表达对对手的意见，不过这样的做法需要把握好时机，不要让对手觉得下不了台，而影响到整个谈判过程。

2. 把困难的问题留到最后

为什么要把困难的问题留到最后呢？理由有两点，一是解决相对简单的问题可以为谈判发展下去创造势头；二是通过讨论简单的问题可以发现更多的变量因素，而当我们的谈判进入核心阶段的时候，这些因素就会发挥出一定的作用。

3. 确定本公司的需求

在谈判过程中，当我们在讨价还价的时候，一定时刻铭记两个重点：对手的利益和本公司的最大利益。最佳的谈判并不是一味地去满足对手的需求，而是关注问题如何解决才能达到双赢的局面。有时候，我们不确定本公司的需求，极有可能会做出无谓的让步。

4. 保持冷静

在谈判过程中，我们要多听，尽量多地了解对手的思路。对手一旦进入他的思路里，争辩根本无法使他动摇，在这样的情况下，解决问题的最好办法就是倾听。理由有三个：一是新的信息可以扩大活动的空间，增添变量因素；二是安静地倾听有助于化解我们心中的怒气；三是如果你还在倾听，那表示你

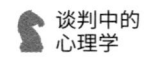

还没做出任何让步。

5. 做足准备工作

当然，在谈判之前我们需要做足准备工作，明白自己可以接受的最低价位，而且谈判期间多创造些可以利用的可变因素，尽可能地让谈判进行下去，以从中找到可行的解决方案。许多谈判者认为价格是自己拥有的唯一变量因素，不过单单是考虑价格最后的结果只会既削减了利润，又增添了买卖双方的敌视。比较恰当的做法是要把目光集中在客户与自己的共同利益上来。例如，在谈判过程中，可以多谈一些关于售前、售中和售后服务的话题。

6. 围绕主题进行谈判

有时候谈判会发展到我们的预想之外，对方常常会因为没有取得丝毫进展而沮丧。这时候最重要的就是保持冷静的头脑，注意对方的言语以及神态，耐心地等到对方平静的时候，总结一下谈判所获得的进展。例如，你可以这样说，让话题重新回到我们所期望的主题上来："我们已经在这些问题上讨论了三个小时了，试图达成一项公平合理的解决方案。那么现在，我建议我们重新回到付款条款上面来，看看是否到时候做总结了。"

7. 语气温和

在谈判过程中，不要采取挑衅的谈判风格。例如，假如你这样说："你使用我们的服务要比普通客户多百分之五十，你们应该为此付费……"这会招致客户马上摆出防范的架势，那我们应该这样说："很明显，服务是整个项目中的关键一项，目前你们使用的频率比普通客户要多百分之五十，导致我们的成本也上升了，这就需要我们一起来找出一种既能降低服务成本，又可以保证服务质量的办法。"

8. 起点要高，逐渐让步

在谈判过程中，讨价还价是最常见的事情了，这时候我们可以从一些自己能做出让步的方面开始下手。许多例子都表明，自己的期望值越高，谈判结果就会越理想；假如我们的期望值越低，那谈判的结果就会刚好相反。那在谈判开始之前，一旦我们降低了自己的期望值，那我们在大脑里已经作出了第一次让步，对手就很有可能会向我们直逼下去，这就是所谓的"先让者输"。

找到对手的软肋，一招制胜

事在人为，几乎所有的事情都是人做出来的，因此，人与人相处，则要以人为主。不过，由于理念不同，人与人之间很容易产生"道不同，不相为谋"的隔阂。不过，不同的理念又来自哪里呢？无非是一个人的性格使然，因彼此之间的性格、脾气不同，所以才会有不同的想法和办事风格。然而，每个人的性格都是有心理软肋的，也就是说存在一些性格缺点。基于

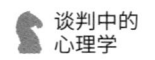

这样的道理，在实际谈判中，假如我们想要操纵一个人的心理，不妨先了解其性格，再对其心理软肋发动攻势，就能达到操控他人心理的目的。

谈判实景一：

在赤壁大战之后，曹操败走。对于曹操的逃亡路线，诸葛亮料事如神，料定曹操一定会走乌林，取道荆州，从葫芦口，由华容道回许昌，结果真的是这样。

对于诸葛亮正确的猜测，人们大多会说诸葛亮料事如神，还会作法借风，差不多是鬼神之道，难以揣测。实际上也没这么玄乎，他的神奇也是有章可循的。对曹操逃亡路线的准确猜测，诸葛亮是基于两个方面：一是对地形的熟悉；二就是对曹操性格的了解。特别是料定曹操走华容道，假如仅仅从地形角度考虑，就会得出相反的结论。这是因为诸葛亮对曹操的性格有准确了解，才能作出这一判断。

看过三国的人都知道，曹操的性格弱点是多疑。当时，摆在他面前的是两条路：一条是宽敞的大路；另一条是崎岖的华容小道，华容道不是一般地难行，需要伐木叠桥，而且远远地看见华容道的高山之处有烟火，就好像有伏兵埋伏。不过，曹操多疑，他认为那是诸葛亮故意搞鬼，放烟火吓人，认为真正的伏兵是藏在大道旁，因多疑的性格，他最终选择了走华容道。从这里可以看出，诸葛亮对曹操多疑的性格可以说是了如指掌。

第09章
灵活应变，谈判成功的前提是抓住对方的心理软肋

说到三国，我们不得不提一个因性格缺陷而死的人物——周瑜。俗话说："性格决定命运。"人们在关键时刻所做的决策往往是由其性格所决定的，而其决策则影响其命运。周瑜不聪明吗？火烧赤壁退百万曹兵，可算是一代奇才，不过，他眼里却容不下一个诸葛亮。如果说周瑜是诸葛亮害死的，非也。那是他自己的性格软肋害死了自己，诸葛亮只是起到了推波助澜的作用，最终，其性格弱点导致了自己的死亡。临死还质问老天爷："既生瑜，何生亮？"周瑜的例子告诉我们，当我们了解了谈判对手的性格，就可以顺势操控其心理。

谈判心理策略分析：

1. 对方是有需求的

谈判双方没有买与卖的真正需求就不会坐在谈判桌前，一个人只要有需求，就会有弱点。有的谈判者假装自己没有真正的需求以争取主动，在这时我们就需要用判断力去识别真伪，需要仔细分析细节，洞悉对方的真正需求。所谓"无欲则刚"，但反过来，有欲望就会有软肋，有软肋就会让别人有机可乘。

2. 了解对方的性格

在日常谈判中，我们要善于用各种方法去了解对方的性格，尤其是特别全面的性格。一般来说，每种性格脾气，都有其缺陷、弱点，只要我们能利用软肋，那就能顺势操控这个人的心理，从而达到自己的目的。

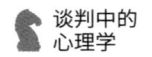

3. 对方是有弱点的

每个人都会有弱点，每一个弱点都可能让谈判者获得更多的利益，尤其是一些可以对谈判造成致命影响的弱点，一旦获得就可能掌握谈判的主动权。因此，谈判中要通过各种途径获得对方的弱点，这些弱点可以是谈判对方个人的，也可以是对方谈判团队的。在所有的弱点中，对方的真正需求是最大的弱点，弱点就是软肋，使其让步就只是时间问题。

4. 从对方软肋下手

一个人的心理是强大的，但并不是说其心理是不可战胜的。我们只要寻找到其心理软肋，就可以从中下手，然后轻松攻破其心理防线，从而促使整个谈判朝着利于我们的方向继续下去。

5. 抓住对方软肋，掌握主动权

在抓住对方弱点时，有一些弱点可以直接向对方挑明，有些弱点可以不挑明，尤其是涉及对方隐私的信息，就不宜挑明。抓住了对方的弱点，我们就可以强硬地坚持自己的谈判立场和价格，对方很大可能会做出让步。当然，假如对方的弱点也可能是自己的弱点，那就需要及时做出让步，争取主动权，否则就会流失客户。谈判主动权是指在当时的条件下以最有利的条款和自己想要的客户尽快地签约，而不是固执地坚持原则。

限制对方的选择，让谈判局势有利于己方

在日常谈判中，我们与对方就某个问题讨论的时候，需要摆明某些选择性的东西，不要给对方太多的选择。你给出的选择太多，那对方给出的答案就很容易脱离自己掌控的范围，那我们就无法挽回局面了。当然，这是基于人们的一个微妙心理。我们都知道，当我们在问对方"是不是？"这个问题的时候，对方的回答只有两个，要么是"是"，要么是"不是"，除此之外，别无其他的选择。但如果我们表示"你觉得怎么样"，那这样的答案就太宽泛了，我们根本无法预测对方想说的答案是什么。

伟大哲学家苏格拉底总结出了"苏格拉底问答法"，他的谈论总是以"是的，是的"这样的反应作为自己谈话的前提。他几乎从来不把自己的观点强加给别人，他把思考的权利交给别人，他只是一个提示者而已。他的技巧就是：反问对方，指出对方自相矛盾的地方，使对方相信这样的结论完全是他自己得出来的。或许，这就是最绝妙的谈话方式，不带任何火药味，不伤和气，却让对方同意自己的观点，而且最重要的是这个观点是对方自己说出来的。在谈判过程中，我们要学会让别人说"是"，而不是让别人说"不"。

谈判实景：

一位客户要求开户，当银行工作人员让他填写一些家庭信

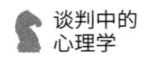

息材料时，他只写出了一部分，而对另一些却讳莫如深。按照银行的规定，信息不全是不能开户的。

我们来看看这位银行工作人员是如何让客户乖乖就范的：

银行工作人员开始这样问："你想一想，你把钱存到银行，在你去世之后，你希望银行把你的存款转移到有权继承你财产的亲属账户里吗？"客户回答说："当然，是的，我会这样做。"

银行工作人员继续说："然而，如果我们银行没有你亲属的真实信息的话，你一旦去世，那些财产是不是就会无法按照你的意愿转移到你的亲属手里呢？"客户点点头："是的，会出现这种结果的。"

银行工作人员慢慢引导："难道你现在不认为，将你最亲近的亲属信息给银行，这样能永久地保护你的财产吗？"客户认可了："是的，我也这样认为。"

这时，已经不需要那位银行工作人员继续问下去了，客户已经主动起来，笑着将自己亲属的信息告诉了银行工作人员。

谈判心理策略分析：

所谓的有效问答术，简单地说就是开始就要让对方说"是"，而应尽量避免对方说"不"。这样的交谈不仅不会引起争吵，反而会让你们成为良好的伙伴。因此，我们在与人谈判的时候，千万不要一开始就提那些意见分歧很大的事情，并为此争得面红耳赤，这样做得不到任何结果。不妨从双方都同意的地方开始提问，这才是最好的办法。

1. 摆明道路

在正式谈判中，我们要善于摆明道路，一条或两条，给出明确的指向，不要给对方太多的选择。想必，我们都做过选择题，下面只有两个答案，不是选这个就是选那个，除此之外，我们别无选择。谈判也是一样，如果我们将选择权交给对方，那其心理的变化也是我们不容易捕捉到的。

2. 向对方提出一些易于掌控的话题

在谈判过程中，当我们需要向对方提出一些问题的时候，需要注意应选择一些自身易于掌控的话题，这样，对方的回答也在我们意料之中，如此我们才能根据对方的回答进行下一步的谈判。

第10章　成功签约，临门一脚时的谈判策略要注意

> 谈判进入最后的协议阶段，目的就是要达成一个具体的、可行的方案，而且要促成双方在方案上签字，认可这个方案，以便做出相应的决定。让对方觉得这个事情必须要做，而且要立即去做，不可以拖延，这是达成协议阶段的目的。

妙用最后时机，营造心理假象

毋庸置疑，谈判中，最重要的莫过于取得谈判的主动权，而要做到这一点，就需要我们掌握对手的心理。通常人们在没有心理退路的情况下，都会退而求其次，接受他人的建议。古语有云："不到黄河心不死。"从这一点看，我们在与对手交涉的过程中，就可以虚张声势，到关键时刻再说话，巧用最后时机，适时把话说绝，让对手觉得无路可退，从而令其就范。人们在"最后期限"的面前效率会更高，而制定"最后期限"就是一种损失约束手段，通过拟定最后期限让责任承担人明白如果不按期完成将会有更大的损失，而人类趋利避害的本性就会驱使他们及时完成任务以保护自己的利益。

谈判实景一：

某个周五的下午，某部门主管代表公司与另外一公司同

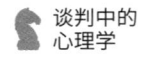

级领导在酒店里讨论合作事宜，但是讨论了很久，都未能得出一个好的解决方案，这样讨论下去，只会耗费更多的时间。眼看就要到下班的时间了，这位主管发话了："今天大家的兴致都特别高，非常好，不过我们仍然没有制订出一个令双方都满意的方案，要不这样吧，反正明天周末，我们加班讨论，如果还是决定不了，星期六再接着讨论！各位觉得如何？"全场哗然。过了一会儿，还没到晚上九点，新的方案就出来了。

为什么会出现这样的结果？因为忙碌了一周的他们都在期待着周末，没有谁会希望自己的周末耗在无聊的办公室里，因此，他们只想快点结束会议。而在谈判过程中，就需要反过来处理，一定要撑到最后一秒钟。能在谈判中取胜的人往往就是能够顶住"最后期限"这个巨大压力的人。

在"时间限制"面前，人们的效率总是会更高，而且更能感受到那种紧迫的压力，而制定"时间限制"是一种损失约束手段，通过拟定一定的时限让对方了解到如果不按时达成协议将会有更大的损失，而人类趋利避害的本性会驱使他们在最短的时间内作出改变或抉择来保护自己的利益。

谈判实景二：

谈判桌上，对方强硬地表示："这个项目不合适，你们所做的一切工作都是毫无用处的，要从头开始！"这时，旁边的小李猛地起身发言："如果按董事长今天的提议，项目要无限地拖延下去了，那我们也只好把这个项目让出去！对不起，我还有别的事情需要处理，我宣布退出谈判，今天下午我等着你们最后的决定！"小李说完就拎起包走出了谈判室。30分钟之后，形势急转直下，对方强烈要求启用这个项目。

双方谈判，一方提出了最后的期限，无疑是给另一方增加了巨大的压力，离最后期限越近，压力就越大，一旦对方屈服于这种压力就会被牵着鼻子走。

谈判心理策略分析：

无论是进行政治谈判、军事谈判还是商务谈判，都可以使用"最后期限"这一非常规做法。之所以称其为非常规做法，是因为它是一种在特定环境中不得已而为之的策略。"最后期限"不但针对对方，同时也给己方套上了枷锁，双方在其中都没有回旋的余地，所以很容易造成双方的尖锐对抗，导致谈判破裂。所以，我们在使用这一策略时，一定要在考虑成熟的情况下才能使用，否则后果不堪设想。这种做法若成功，能有效地逼迫对方让步，己方获取巨大的利益；但若失败，不仅与对方的关系恶化，己方还丧失了宝贵的谈判机会，因此"最后期限"是一把双刃剑，使用时要慎之又慎。

1. 巧妙利用期限

谈判过程中谈判双方并不是可以随意使用期限的，大部分会在最后紧要关头巧妙利用，迫使对方作出让步。另外，当你提出了期限的要求时，就要坚持撑到最后一秒，切勿轻易改变决定。

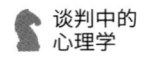

2. 对方欺软怕硬，你应寸步不让

欺软怕硬是人们一种常见的心理。如果对方表现得十分强硬，而且蛮不讲理，你也不必一味退让，反而应该寸步不让，毫不犹豫展现出自己的原则，大多情况下，最后对方都会屈服于你。

3. 不要屈服于对方的压力

两方交涉，当最后期限临近时，彼此在内心都会与自己进行一番较量，离最后期限越近，压力也就越大，一旦屈服于这种压力，就只能被别人牵着鼻子走。很多时候，在谈判结束前某一方会出现一些大的让步就是这个原因。

"最后通牒"的心理策略：让对方快速成交

时间是除信息和权力之外影响谈判结果的关键因素之一。绝大部分的商业合作、谈判都比较讲究最后期限。大多数经验告诉我们，很多事情的最后期限是不能逾越的，否则就会造成重大损失。不过事实同时告诉我们，大多数谈判往往是在最后不到10%的时间里谈成的，而在这10%的时间里双方做出的每一个决定都会影响全部销售价值90%的变动幅度。

谈判中的"最后通牒"策略，指的是为了确保己方的一定利益，使客户同意在一定的日期之前采取行动。这个谈判策略最大的益处在于：一方面，可以将"谈判时间"与达成"最

第10章
成功签约，临门一脚时的谈判策略要注意

终协议"这一目标相挂钩；另一方面，可以据此获得相应的利益回报。不过，这种谈判策略的最大弊端就是：会对达成协议带来"操控性"压力。在日常的商务活动中，我们常常会听到类似这样的一些话："从5月1日起，这种电视机就要限制进口了""假如贵公司不在7日内汇来款项，我们将无法按期交货""明天下午5点之前如没有收到贵公司来电，我们将与别家公司签订合同"。这些都是时间期限的战略，谈判桌上总有主动的一方和被动的一方。所以，当谈判双方各持己见、争执不下时，处于主动地位的一方可以利用这一心理，提出解决问题的最后期限和解决条件。

谈判实景：

美国一公司的商务代表威廉到法国去进行一次贸易谈判，受到法方的热烈欢迎。法方开着轿车到机场迎接，然后，又把他安排在一家豪华宾馆。威廉有一种宾至如归的感觉，认为法国人的服务很棒。安排好了之后，法方似乎无意地问："您是不是要准时搭飞机回国呢？到时我们仍然安排这辆轿车送您去机场。"威廉表示时间紧急，必须按时赶回去，并告诉了对方自己的回程日期，以便让对方尽早安排。法方由此巧妙地掌握了威廉谈判的最后期限：只有10天的时间。

接下来，法方先安排威廉游览法国的风景区，丝毫不提谈判的事情。直到第7天，才安排谈判，但也只是泛泛地谈一些无关紧要的问题。第8天重开谈判，其结果是草草收

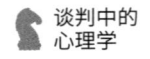

场,无任何协议。第9天仍没有实质性进展。第10天,双方正谈至关键问题,来接威廉上机场的轿车来了,法方建议剩下的问题在车上谈。威廉进退两难,假如不尽快做出决定,那就是白跑一趟,为了不至于一无所获,只好答应对方的一切条件。

期限是一种时间性通牒,可以使对方陷入如不迅速做出决定就会失去这个机会的紧张中,而最后期限既给了对方造成压力,又给了对方一定的时间考虑,随着最后期限的临近,对方的焦虑会与日俱增,最终会迫使对方快速做出决定。

谈判心理策略分析:

不过,"最后期限"的谈判策略犹如"刀尖上跳舞",我们在使用这个策略时,需要注意以下几个问题:

1. 不要透露自己的时间压力

在透露最后期限时,我们不要透露自己的时间压力,否则就会将自己置于不利的境地。若对方得知了你的最后期限,便是将风险和压力转移到了你身上,你的迫切性要大于对方的迫切性,这会使你变主动为被动,成交的可能性便会降低。

2. 不要激怒对方

"最后期限"策略主要是一种保护性的行为,所以,当我们不得不采取这种策略时,需要设法消除对方的敌意。除语气委婉、措词恰当外,我们最好以某种公认的法则或习惯作为向对方解释的依据。

3. 透露自己最后期限需要注意的问题

首先我们不要混淆最后期限与时间成本，最后期限使得双方终结谈判，而时间成本只是针对谈判一方来说的。例如，我们就一宗官司与人谈判，希望达成和解，那高薪聘请的律师导致的时间成本只会影响你自己。在达成和解之前花去的时间越多，我们的律师费就越高。为了防止对方故意拖延时间，那双方就应该设定一个最后期限，如开庭日期之前。

其次我们需要考虑是否要将自己的最佳替代方案一并透露给对方。假如我们的替代方案较为强势，可以让对方了解。若替代方案较为弱势，则宜保密。最后期限不一定意味着弱势的谈判地位，其实日程最忙、最后期限最紧的人往往拥有最佳的替代方案。

4. 给对方一定的时间考虑

这样以便让对方感到你不是在强迫他接受城下之盟，而是给他提供一个解决问题的方案。虽然这个方案的结果不利于他，不过毕竟是由他自己做最后的选择。同时，己方对原有条件也应适当地让步，这样使双方在接受最后期限时有所安慰，同时也有利于达成协议。当谈判陷入停滞不前的境地时，使之快速前进的最佳方法就是制定时间限制，通常又称为时间性通牒。假如可以在适当的时机有效地使用这个策略，我们便可以促进协议的达成与签署。

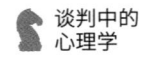

签订合同时要认真了解每一项条款

在谈判中，协议制约着当事人。严格按照协议做事，不违背协议约定的内容，是双方诚信的表现。一旦违约，就要承担相应的后果。协议事关双方的利益，它是一把双刃剑，既能保护自己的利益，也能制约自己的行为。在谈判中，协议作为谈判终局的事项非常重要。不过，签订协议之前，谈判者一定要把"丑话"说在前面，以免日后引起纠纷。

签订协议，不要只考虑对方，或者太过顾及对方的情面，而不敢为自己争取利益。在签订协议前，要妥善行事，三思而后行，考虑周全，积极为自己争取利益。对于协议中不合理的地方，要勇敢地提出来，把"丑话"说在前面，才不至于落入协议的陷阱。对于那些苛刻的、违反有关法律规定的履约条款，谈判者对其要具备防范意识。协议中这些条款的设置，大都在不太显眼的位置。谈判者一定要注意这些隐性条款，否则，自己的利益将会得不到保护。

谈判实景：

陈琪大学毕业后，由亲戚介绍进入了一家公司。在与公司签订协议时，碍于亲戚的情面，陈琪只是大致浏览了一下协议内容，就签上了自己的名字。此后，陈琪在这家公司工作了三年，虽然工作很累，薪资不高，但是陈琪任劳任怨，从来没有叫过苦，喊过累。然而，令她没有想到的是，在公司最近的一

第10章
成功签约,临门一脚时的谈判策略要注意

批裁员名单上,她的名字赫然在列,这让她备受打击。

然而,公司裁员已定,陈琪需要另寻出路。但是当她离开公司,到处寻找工作时,她却发现,和她一样离开公司的部分员工获得了补偿。她去找公司询问,有关人员查询了她与公司签订的协议,告诉她协议里没有写有关补偿问题。陈琪这时才意识到,自己当初是多么幼稚、粗心。

再次寻找工作时,公司负责人要求她签订协议,陈琪吸取了以前的教训,仔细看了公司拟定好的协议后,她发现了几条不利于自己的隐性条款,经过精心考虑,她终于鼓足勇气,要求公司删掉那几项不合理的条款。公司负责人认真听取了她的建议,对协议做了修改。陈琪的利益得到了合法保护。

合法合理的协议,能够保护当事人的利益;不合理的协议,对于谈判者来说,就是深不可测的陷阱。我们在签订协议前,认真思量,周密思考,就可以避免自己的利益受损,从而保护自己。事例中的陈琪,在找第一份工作时,碍于亲戚的情面,协议只是草草地看了一下,就签上了自己的名字,以致公司裁员时没有得到相应补偿。后来她吸取了教训,维护了自己的正当利益。

"丑话"虽然难听,但在一定程度上保证了自己的利益。俗话说:"害人之心不可有,防人之心不可无。"签订协议前如果不三思而后行,不考虑周全,不行事稳重,就会出现疏漏,损害自己的利益。在谈判场合中,如果仅仅考虑对方的情面,协

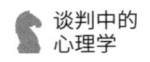

议就会流于形式。签订协议之前,把"丑话"说在前面,保证双方的利益,一旦出现纠纷就照章办事,避免出现不公正的现象。谈判者在签订协议前,要严格谨慎,细心全面地看清协议的内容,本着诚信、公平的原则,约定协议的内容,以避免出现不必要的纠纷。

谈判心理策略分析:

签订协议前,谈判者只有考虑周全,注意协议中的隐性条款,才能维护自己正当的利益。但是我们经常会发现这样的情况,有些谈判者为了暂时有栖身之处,或委曲求全,或碍于别人的面子,不敢提出自己的意见,以致错失良机,结果出现纠纷,只能默默忍受。为了避免出现这种情况,谈判者要勇敢地说出自己的想法,看清协议条款,把"丑话"说在前面,才能防患于未然。如果不敢表达自己的想法,说话唯唯诺诺,即使签订了协议,那协议也如同一纸空文,对谈判本身没有什么大的价值。

关键时刻,亮出己方底牌

中国有句俗语:"最后的赢家才是真正的赢家。"这句话一点也不假。谈判中,我们在与对手交涉时,也只有手握底牌,在关键时刻阐明观点,才能出奇制胜,让对手心服口服。谈判桌上,谁能掌控好情势,谁就会是最后的赢家!作为谈判

第10章 成功签约，临门一脚时的谈判策略要注意

者，在谈判过程中，只要你能抓住对方的心理，根据对方不同的利益需求，适时说出让对方毫无对策的话，我们势必会掌握谈判的主动权。

谈判中，双方往往都有自己的底牌，但要让对手心服口服，谈判者一定要沉得住气。有些时候你能清楚地感觉到事情正在越变越糟，这时你应该采取守势，退后一步，现在的情势不适合马上反击。不要在自己处于劣势的时候拼命地证明自己，更好的办法是退一步。记住，在你处在劣势的时候，不要急着马上反击，等一等，机会总会到来，那时你才有可能出奇制胜。

谈判实景：

张耳占据赵地后，号称武信君。他委托蒯通到范阳去说服范阳令徐公投降。

蒯通到达范阳，见了徐公就说："我是范阳一介草民蒯通。我分析当前形势，徐公你可能活不了许久了。我特意给你吊唁来了。不过，你要是听我蒯通的话，还是有一条生路的，我这是向你表示祝贺来了。"

徐公说："你怎么知道我活不了许久？"

蒯通就说："你在范阳为官已经十年了。你为了落实秦国的法令，杀人家的父亲，使人家的孩子成为孤儿；断人家的手足，在人家脸上刻字，这样残忍的事情你做得太多的了。那些慈父孝子对你恨之入骨。他们为什么不用锋利的尖刀插到你的腹中把你

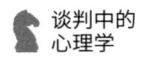

杀死呢？那是因为他们害怕秦国的法律。如今是天下大乱，秦国的法律已经不起作用了，那些慈父孝子正争着想用利刃把你杀死。一来要发泄他们对你的怨恨，二来杀你也可以得到名利。所以我蒯通知道你活不长了，因此才提前来给你吊唁。"

徐公又问："那你怎么还祝贺我有一条生路呢？"

蒯通说："武信君不嫌弃我是一介草民，向我请教战争问题。我对他说：'打了胜仗才能得到土地，攻取之后才能得到城池，这已经是落后的战法了。不战而得地，不攻而得城，一纸公文就能搞定千里。这样的谋略你们愿意听听吗？'他们的将领都很感兴趣。我就说，'以范阳令徐公为例，他可以整顿士卒坚守城池。但是，人都是害怕死亡、贪图富贵的。战到不行的时候他要投降，那时士卒都有了怨气，很可能把范阳令也给杀了。这件事必然会传出去。其他地方的官员知道范阳令即便投降也被杀害了，必然要固守，这样，其他城池就不好攻打了。倒不如以隆重的礼仪迎接范阳令徐公，一直把他迎接到燕赵接壤的地方，使其他城池的官员都知道，范阳令投降得到了富贵，这样，就会争着来投降。这就是我说的一纸公文可以搞定千里。'现在你要是听我的话投降武信君，不但可以生存，而且还可以继续享受富贵。"结果蒯通说通了范阳令徐公。

故事中我们不得不佩服蒯通的口才，他之所以能成功说服徐公，在于他从正反两方面阐述了事情的利弊得失，让徐公心服口服。其实，我们在与对手进行的谈判，也是一个说服对方接受交易条件的过程。如果你也能和故事中的蔺通一样，在阐述观点的时候，有理有据，那么，在谈判中你也会获得成功。

谈判心理策略分析：

1. 用事实说话

谈判中，我们要使对方接受你的观点、意见，就要用事实说话，事实充分就使你言重如山。"百闻不如一见"，事实胜于雄辩。在说服对方的过程中，我们要善于运用事实造势。这种说服方法最根本的一点就是唯实、唯事，尊重客观事实，用事实说话。运用事实进行说服最能打动人心，最能使人信服。如果从心理学的角度来分析，人们的心理趋向是求真、求实。只有真实的东西，才是人们最可信的。

2. 把握时机再亮出底牌

以打牌为例，在含有技术成分的打牌中，当你的运气很差时，对方往往会察觉到并且玩得更好。他们不再把你视为一个威胁，你已经输了气势。在这些时候，你应该更加保守，不到关键时刻，不要亮出最有分量的牌。因为牌局随时会停止，不要太早把手里所有底牌都亮出来，因为对方也可能会隐藏自己的底牌。

3. 关键时刻表态

你还应该在谈判最后的时候尽力最大化你的优势，先观察对方的动作，尽量让对方先表态，然后根据对方的心理变化适时地调整自己的策略，并到最后的时候，一举亮出自己的王牌，让对方心服口服。

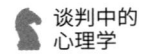

当然，要想做到让对方心服口服，我们在谈判过程中，还必须做好保密工作。现实生活中，一些经验尚浅的谈判者总是重复着这种错误的做法，他们不重视保密工作，随随便便地分享个人信息。要知道，有些信息此刻看似无关紧要，但它的泄露在将来可能成为一个致命的错误。

谈判达成后签订合同需要注意什么

一旦谈判双方就交易的主要协议达成一致意见之后，就会进入合同签订阶段。那么，这个合同由谁起草呢？通常情况下，文本由谁起草，谁就掌握主动权。口头上商议的东西要形成文字，会经过一个过程，有时仅仅是一字之差，意思就会有很大的区别。在起草合同时可以按照双方协商的内容，认真考虑写入合同中的每一项条款。不过，有时即便认真审议了合同的各项条款，由于文化上的差异，对词意的理解也会有所不同，难以发现对己方的不利之处。所以，己方在谈判过程中，应重视合同文本的起草，尽可能争取起草合同文本的主动权，假如做不到这一点，也要与对方共同起草合同文本。

谈判心理策略分析：

1. 争取拟定合同文本

在谈判过程中，己方争取拟定合同谈判的草稿，在此基础上进行谈判，形势就会有利于己方。当然，起草合同的文本，需要做很多工作。起草合同文本，不但要提出双方协商的合同条款，以及双方应承担的责任、义务，而且己方要对所有提出的条款进行全面认真地讨论和研究，哪些条款不能让步，哪些条款可以作适当让步、让步到什么样的程度。如此一来，当双方就合同的草稿进行实质性谈判时，己方就可以顺势掌握主动权。

2. 确保合同双方当事人的签约资格

合同是具有法律效力的文件，所以，要求签订合同的双方都必须具有签约资格。否则，即便是签订合同，也是无效的合同。在签约的时候，需要双方当事人互相提供法律文件，证明其合法资格。通常情况下，重要的谈判中签约人应该是董事长或总经理。即便出现签约的不是董事长或总经理，也需要检查签约人的资格，比如了解对方提交的法人代表开具的正式书面授权证明、授权书、委托书等。

3. 合同要明确规定双方的义务与违约的责任

大多数合同只规定双方交易的主要条款，却忽视了双方各自应尽的责任与义务，尤其是违约应承担的责任。如此一来，无形中等于为双方解除了应负的责任，削减了合同的约束力。有些合同条款则写得非常含糊，即便是规定了双方各自的责任和义务，也没办法追究违约者的责任。例如，某一城市与港商签订了一个出售矿渣的合同，合同中只明确港商可以每天拉一车，时间一个月。但由于合同没有明确限定货车的型号，

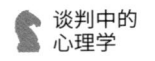

结果港商拉货的车越来越大，己方明知吃了哑巴亏，却也无可奈何。

4. 合同的条款必须详细一致

合同条款太模糊不利于合同的履行，同时，还需要注意合同中的条款不能重复，更不能前后矛盾。例如，某企业与外商签订的一份合同，在价格条款中有这样一条：上述价格包括卖方装到船舱的一切费用。而在交货条款中却又出现了这样的规定：买方负担装船费用的二分之一，凭卖方费用单据支付。诸如这种前后矛盾的合同，很容易被人钻了空子。

5. 尽可能争取在己方地盘举行签字仪式

许多较为重要的谈判，一旦双方达成协议之后，举行的合同缔约或签字仪式，尽可能争取在己方地盘举行。这主要是因为签约地点往往决定采取哪国法律解决合同中的纠纷问题。按照国际法的一般原则，假如合同中对出现纠纷采用哪国法律未作具体规定，一旦发生矛盾或冲突，法院或仲裁庭就会根据合同缔结地国家的法律来做出判决或仲裁。

谈判结束时如何说好结束语

近因效应是指人们识记一系列事物或某人的言论时对末尾部分的记忆效果优于中间部分的现象。当你所传递的前后信息间隔时间越长的时候，近因效应就越明显，原因在于前面的信息在记忆中逐渐模糊，从而使近期信息在短时记忆中更为突出。心理学认为，人的记忆受到近因效应的影响，在谈判过程中，我们对他人最近、最新的认识占了主体地位，使过去的一些评价得以改变。换句话说，就是我们在说最后一句话或留下最后一个印象时，对方往往是记得最牢的。

在生活中我们经常会经历这样的场面：两个朋友在一起愉快地聊天，可是，告别的时候，他居然说了一句很恶劣的话。那么，无论之前的畅谈是多么愉快，我们都会把最后一句话留在心里，并挥之不去，而且这句话将影响彼此的关系。相反，本来对那个人的印象并不好，但分别时他说"认识你真高兴，我觉得今天你真漂亮，咱们下次再聊"，那么你会觉得以前不好的印象都随之而去，从此对他有了好的印象。其实，这些都是心理学上的近因效应在起作用。

曾国藩在最初和太平军的交锋中，一直处于劣势，于是在奏折中称自己"屡战屡败"。但他麾下的一个师爷看了说，不要这样写，而是将四个字的位置调动了一下，变成了"屡败屡战"。曾国藩恍然大悟，把奏折改了过来，交了上去。结果一个"常败将军"的形象就变成了败而不馁、坚忍不拔的形象。

其实，在这里我们不难看出，在整个说话的过程中，最后一句话往往决定了整句话的基调。例如，上司对下属说，"这个月的销售额总能超越上个月的销售额吧，虽然这个月销售出去的产品很少"，或者说，"虽然这个月销售出去的产品很

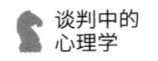

少，总能超越上个月的销售额吧"。其实，这两句话的意思是一样的，但就是因为语句排列的顺序不同，给对方的印象却是迥然不同的。前者给对方留下悲观的印象，后者给对方留下乐观、积极的印象。相比较而言，后者传递的言语暗示会更容易影响其心理。

谈判实景：

谈判过程中，虽然张先生一再表现出合作的诚意，但对方公司负责人就是不为所动，甚至言辞犀利地拒绝："我觉得你们公司不适合做我们的合作伙伴，你现在提出的一些要求都是毫无作用的。"张先生遗憾之余，还是面带微笑地说："谢谢贵公司能在百忙之中抽出时间与鄙公司会谈，以后我会为咱们的合作继续努力。"说完了，还亲自把对方谈判代表送到宾馆门口。次日，张先生却意外接到了该公司的邀请电话。

张先生利用告别时的近因效应挽回了合作伙伴，促成了谈判的成功。工作中的洽谈并不是一两次就能完成的，即便双方已经达成了协议，但毕竟是合作伙伴，以后还可能会遇到，所以，收尾最后一句话要给未来做好铺垫，同时，给对方留一个好的印象，这是十分重要的。

1．"今天真的很愉快"

即使在谈判即将结束的时候，我们也要向对方传递友好的信息，否则有可能你无意的一句话就毁掉了前面的整个沟通。例如，"今天真的很愉快""我觉得你是个很不错的聊天伙伴,下次有空再过来玩""谢谢你今天的盛情款待,我过的十分愉快"等,给对方留下好的印象,有利于进一步接触或者下一次合作。

2. 简洁有力的告别语

在结束整个谈话的时候,告别语不宜过多,如果你总是絮絮叨叨,"今天我真高兴,没想到会认识你这个有趣的朋友……咱们下次接着聊天",这样对方会觉得你很啰唆,之前对你的好印象都可能会消失不见;相反,如果你用简洁有力的语言告别,"今天过得很愉快,谢谢你,再见",对方会觉得你是一个做事果断的人,会对你更有好感。

3. "你能给我这份工作吗"

一般情况下,面试结束时很少会有人注意最后一句话,其实在大多数情况下,最后一句简单的话会收到意想不到的效果。我们可以在最后一句话传递期待的心理,"你能给我这份工作吗?""我最晚什么时候能得到回音?""如果因为种种原因你没有在最后期限通知我,我可以联系你吗?"。你所传达的期待心理,会使他人对你的印象大大改观,最后一句话有效地影响了其心理,或许你最后就会得到这份工作。

第11章 以双赢为心理引导，在讨价还价中获得最优谈判结局

> 所谓谈判报价，是指谈判的某一方首次向另一方提出一定的交易条件，并愿意按照这些条件签订交易合同的一种表示。在经历了谈判双方最初的接触、摸底，并对所了解和掌握的信息进行相应的处理之后，谈判往往由横向铺开转向纵向深入，即从广泛性洽谈转向对一个个议题的磋商。

以利益诱惑为引导，达成最终价格协议

任何一个曾参与谈判的人深知，能否攻心谈判，是成功谈判与否的关键因素。在这个现实社会中，每个人都有自己内心的需求，而对于大部分谈判者来说，争取最大的利益就是他们的内心需求。事实上，利益就是他们的死穴。因此，如果谈判者攻进谈判对手的死穴，根据对方所需，展示令人垂涎的利益，就能让对手心服口服，否则，只靠声音大或死缠烂打地诡辩，根本算不上是"说话高手"或"谈判高手"。

通常来说，我们经常看到这样的谈判，尤其是商业谈判：谈判双方都会竭尽全力维护自己的利益。而这种谈判也最容易将焦点集中在价格上。此时，作为卖方代表，他会把自己的产

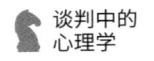

品讲得天花乱坠，尽量抬高自己产品的身价，报价要尽量高；而这位买主也不是"吃素"的，他是明白如何"在鸡蛋里挑骨头"的，从不同的角度指出产品的不足之处，从而将价格至少压低到对方出价的一半。最后，双方谁都会找出无数条理由来支持自己的报价，谈判在这种情况下就会成为僵局。如果不是僵局，那么通常是一方做出了一定的让步，或双方经过漫长的多个回合，各自都进行了让步，从而达成了一个中间价。这样的谈判方式，也是常见的。

谈判实景一：

客户：M公司的设备比较符合我们的要求，而且他们的价格比你们的要低得多……

销售方领导：的确，他们的价格比我们的要低，而且他们的设备也不错，但是我们的产品更适合你们。每年贵公司的维修费都是一笔巨大的开支，产品的使用寿命是贵公司需要考虑的关键问题。按照贵公司的生产方式，你们更需要一种高性能、高效率的设备，而且还要考虑设备长久的资源利用率，我们公司的产品刚好可以与贵公司的旧设备共同作业。您觉得呢？

客户：可是，你们公司设备的价格与他们产品的价格相差甚远，而他们公司的设备质量也不错。

销售方领导：他们的质量确实不错，这是一份产品的故障调查报告，我们的设备故障率只有1.2%，不知道对方有没有这样一份故障调查报告。据我所知，他们的故障率一直都是在5%

左右。这样算下来，贵厂将会为此多支付几万元。

在这段谈话中，作为销售方的谈判者，在与客户进行谈判的过程中，从客户最关心的利益出发，让客户明白：如果购买了M公司的产品，会带来利益上的多大损失，然后说出自己产品的优势，这样，在对比之后，客户必然会做出正确的选择。

如果谈判者坚持这样的谈判方式，往往会使谈判陷入一种误区。这种传统的坚持立场而不考虑利益的谈判方式常常导致谈判双方的不欢而散，以致破坏了双方今后进一步合作的机会。此时，你就应该抓住对方的心理，从对方所渴求的利益说起，或许会有截然不同的效果。

谈判心理策略分析：

那么，在谈判过程中，谈判者如何用利益"诱惑"对方呢？

1．"减少付出"利益谈判法

谈判涉及的是谈判双方。谈判者自然是代表了利益的一方，谈判时，如果你希望对方以某个条件答应成交，那么，你就需要让对方觉得，这样的条件达成共识是可取的。例如，在商务谈判中，你可以利用产品价格对比法，也就是用所推销的产品与同类产品进行比较，用较高的同类产品价格与所推销的产品价格作对比，从而让对方明显感觉便宜的方法。很明显，所推销的产品价格就显得低了些。但运用这一策略时，你手中至少要掌握一种较高价格的同类产品，当然，掌握得越多越

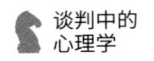

好，这样才更有可比性。

小王申请某公司的一个职位，他目前的月薪是2750元，他想在新公司的月薪至少应该达到3100元，他意识到要价更高才有可能。所以，当讨论薪水问题时，接待小王的人问道：

"你希望的薪金是多少？"

"我认为至少是3300元。"

"你是说3300元？"

"是的。"

"那么欢迎你下周来上班。"

这看上去一切似乎都如愿以偿了，但是，小王对这个结果不满意，感到他们能给的薪金应该比自己要求得更高。

当然，我们在利用这一心理策略谈判的时候，最重要的还是要把握对方的心理，这样即使你不多说，当你向对方展示完"利益"后，对方自然会在内心作对比。

2."增加获得"利益谈判法

让对方接受我们的想法或者达到某种目的，并不一定要反复提醒他"如若不……会怎样"，你可以直接告诉他，"如果你怎样……你会……益处"。但前提是，你必须对对方有深刻的了解，知其所好，这样才能把"提醒"说到对方的心坎上，同时，要让对方理解我们的出发点是善意的，不然只会适得其反，引起对方的怀疑。

3."物有所值"利益谈判法

客户：我觉得你们的设备挺符合我们的要求，只是这质量方面，我还是有点担心。因此，我觉得有些贵。

销售方领导：这个您完全可以放心，国家质检部门已经做过多次检验了，我们所有的设备合格率是90%以上，而且这个型号的设备质量比其他的都好，它的合格率达到了95%，而其他公司的产品合格率才85%。

客户：是吗？

销售方领导：是的，您看，这是产品相关的质量合格证、质检部门的检测报告……

客户：是这样啊。

销售方领导：目前这款设备已经在全国20多个城市销售了100多万台，重要的是直到现在我们仍然没有接到任何关于这款设备的退货要求。所以，您大可放心。

这里，销售方正是因为抓住了客户担心产品质量的心理，从事实出发，从而打消了客户的这种疑虑，最终让客户觉得购买该产品物有所值。

总之，只要谈判者能把握好这种心理暗示的方法，进行合理而巧妙的暗示，就可以声东击西、混淆对方视听，从而顺利达到你的谈判目的！

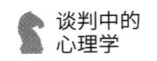

试探性地了解对方底价，在此基础上商谈价格问题

谈判中由于各种条件不一样，报价会根据实际情况而不同，目的是让对方感觉得到了优惠。这种价格差别，体现了商品交易中的市场需求导向，在报价策略中应灵活运用。在报价的时候，可以采用试探性策略，即在谈判中，对于彼此目的和意图不甚了解的情况下，互相之间刺探对方底细时所常用的方法和手段。探底又可以称为摸底，其目的是试图探究出对方的真假、虚实。探底的技巧具体可以表现为投石问路、声东击西和不吝赐教等技巧。

谈判实景一：

小王作为职工代表，为造酒厂的员工要求增加工资一事向厂方提交了一份书面报告，一周后，厂方约他谈新的劳资合同。令他感到吃惊的是，一开始厂方就花了很长时间向他详细介绍销售及成本情况。这意外的开端使他措手不及，为了争取时间，考虑对策，他便拿起会议材料看了起来。

放在最上面的一份是他提交的书面报告，一看他明白了，原来是在打字时出了差错，将要求增加工资12%打成了21%。难怪厂方如此慎重。小王心里有了底，谈判下来，最后以增加工资15%达成协议，比自己的期望值高了3个百分点。看来，自己原来的要求太低了。

谈判的目的是要实现双赢方案，但是在现实生活中，一个要榨橘子汁，而另一个要用橘子皮烤蛋糕的情况毕竟太少见了。当谈判者坐在一个买家面前，双方心中都抱着同样的目的，然而这里并没有魔术般的双赢解决方案，买家想要的是最低价，而谈判者想要的是最高价。

谈判实景二：

某鞋厂是一家专门生产出口地毯鞋的厂家，2004年4月因扩大生产规模需要购买100台缝纫机。为了能够以较低的价格买到缝纫机，厂家邀请张先生一起参与采购缝纫机的谈判。对此，张先生建议使用制造竞争对手策略和投石问路策略进行谈判。

为了制造竞争，为自己谋取有利的谈判地位，一开始张先生邀请了三家规模比较大的缝纫机供应商，并约在同一天进行首次谈判。在谈判之前，张先生带领厂家的销售人员参观了新的厂房，告知一楼、二楼、三楼分别要购置100台，合计300台缝纫机。参观结束之后，张先生安排三家供应商代表分别对自己的产品和报价进行了介绍，这使张先生进一步了解了每家供应商的产品特点和价格情况。由于存在竞争对手，购买的数量又比较多，所以三家供应商的初次报价都比较合理。经过比较和筛选，张先生选择了其中一家作为重点谈判对象。

一周后，张先生邀请对方再次来厂谈判。对方在300台缝纫机的数量诱惑和竞争压力下，价格在初次报价3500元的基础上又下降了200元，之后就不肯再让步了。下午续谈时，张先生代表厂家告诉对方，厂家认为每台3300元的价格过高，资金

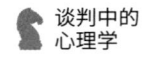

无法一次性到位，按照现在的价格最多只能买200台，就算200台也要70万元左右的资金，需要三个合伙人协商好资金问题后才能同意。同时希望对方能够每台再让100元，以减轻财务上的压力。对方回复说从没有卖过这么低的价格，需要回去向领导请示汇报。

三天后，对方来电说每台最多再便宜60元。张先生告诉对方，自己会马上向厂家领导汇报。第二天，张先生打电话给对方，经三个合伙人协商，认为3 240元的价格可以接受，不过由于资金暂时有点紧张，一时无法拿出这么多的现金，希望能够采取分期付款的方式支付，首次支付30%的货款。对方拒绝了，张先生说："既然你们在支付方式上有所顾虑，不同意分期支付，我们只好先买100台，可以在调试安装好之后全额支付。如果同意的话，可以过来谈判签约事宜；如果不能同意，我们只能考虑别的选择。"第二天，该厂家销售人员就过来签订了成交合同。

谈判跟下棋一样，要运用强有力的谈判技巧就必须遵守一套规则。谈判和下棋最大的区别在于，谈判时对方不知道这些规则，只能预测你的棋路。棋手将象棋中的这几步战略性走棋称为"棋局"。开局时要让棋盘上的局势有利于你，中局则要保持自己的优势，进入残局时则需要利用自己的优势，将死对方，而在谈判的残局中，就是要对方下单。

第11章
以双赢为心理引导，在讨价还价中获得最优谈判结局

谈判心理策略分析：

1. 投石问路

所谓"投石问路"，就是激起对方的反应和反响，从而明确对方的真实意图，或得到对方的资料、信息。投石问路的具体表现是"假如……会……"的模式。对方通过假设在订货的数量上加倍或减半、质量上严格或放宽、合约时间上延长或缩短、支付方式上多种形态变化，征询己方的意见。

2. 声东击西

"声东击西"指把谈判对方的注意力或兴趣集中在己方不甚感兴趣的问题上，以增加对方的满足感。在谈判中，洽谈双方所关注、关心的问题并不是完全一致的，有时甚至具有较大的差异性，谈判人员要会巧妙地运用这些差异性，促使谈判顺利进行，谋求己方的利益，同时使对方利益在一定程度上得到满足。在解决自己所关心的问题时，要求说服对方同意己方的建议，行之有效的办法之一就是先提出一项与己方意图正好相反的主张。

3. 请君赐教

在谈判过程中，我们要想从对方口中探听出虚实或底牌，可以采取谦恭的态度请教对方："如果，您处于我的境地，将会怎么办？""请君赐教"可以具体表现为："经理，您看我有希望吗？""如果您来决断这件事，近期能解决吗？""您要是我的老板，敢接受这个价格吗？""您有没有在我们这个

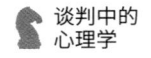

问题上的变通办法呢？""能从您这里讨个说法吗？""就您个人而言，对这个问题有何见解？"。

讨价还价中，以实现双赢为引导

《孙子兵法》云："知己知彼，百战不殆。"日常谈判中的价格谈判就是双方综合实力的对比结果，谈判者应该全面了解对方的情况。在生活中，为什么一位常常买菜的老大妈能够比那些不经常去买菜的人购买到更低价格的蔬菜，这就是因为她比那些缺乏买菜经验的人更了解市场。所以，在谈判时谈判者要提高对市场、对产品的综合认知程度。

谈判者需要了解国内外的价格水平，以及对方公司的情况，尽可能准备全面的资料做到心中有数。而且，谈判者需要全方位了解公司的产品结构运营成本以及生产周期，应运用自己熟悉的东西来引导对方增加对己方产品认知程度和满意程度。之所以这样，就是为了可以在谈判的关键时刻及时做出决定以达成合作。尽管说价格谈判比较困难，但并不是一成不变的。假如我们了解这个产品在国内已经饱和，那我们就知道竞争的将是什么；若产品有技术含量，有独特的地方，那我们就清楚怎样可以获取高利润。

谈判实景：

王女士在一家礼品公司任客户经理，主要销售蚕丝被等物品。有一天,王女士接待了一个客户赵小姐。赵小姐看上一款低端蚕丝被,要订货500套。于是,她们开始讨价还价。

赵小姐说:"王经理,这款蚕丝被还能不能再便宜点?"王女士回答说:"这款蚕丝被的经销价是220元,您是我们的老客户,我把零头抹掉,拿货价给您算200元吧。"赵小姐惊呼:"200元?太贵了,之前联系的礼品公司,差不多的蚕丝被拿货价才100元。"王女士辩解:"怎么可能差这么多呢?我们这是LR牌,是名牌,这个牌子在商场里,同样的蚕丝被,要卖500多元呢。"赵小姐笑着说:"CC礼品公司的AP牌,也是品牌产品,拿货价才150元,也没你们这么贵,这样吧,一口价,150元,行我就拿,不行就算了。"王女士无奈地说:"你太能杀价了,150元可不行,去厂家订货都拿不出来,这样,180元,我对公司也好有个交代,行吗?"最终成交价格为180元。

知己知彼,百战不殆。若是想要在价格谈判中获胜,我们不仅需要知道客户的心里想要什么,而且需要知道自己的竞争地位,选择正确的谈判策略,最后通过有效的技巧,实现我们的策略。

谈判心理策略分析:

1. 认为产品不值这个价

人们经常会看中一些商品,不过并不是这个商品卖多少钱,他们都会选择买。以上面的案例来说,赵小姐之所以来这

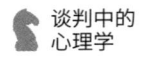

家礼品公司订货，是因为礼品公司可以杀价。所以，赵小姐可能觉得蚕丝被不错的前提是认为有可能把拿货价杀到150元，假如拿货价是220元，还不如再添加几十元，去拿更加高端的蚕丝被。这就是说，在赵小姐心中，蚕丝被根本不值220元。

2. 超出了预算

除非你让自己的产品对对方产生了特别的吸引力，否则，对方是不会花很多力气去筹资或者破例增加预算的。赵小姐可能准备购入150元左右的蚕丝被，如果超出了这个价格，她可能放弃，就像赵小姐说，"150元，能拿就拿，不能拿就算了"。

3. 别家卖得比你的便宜

一旦对方有这种想法的时候，说明你并没有让对方认识到你的产品比竞争对手好在哪里，客户认为你的产品和竞争对手的不相上下，而且比竞争对手的贵。以赵小姐为例，她可能觉得王女士的蚕丝被和之前的150元的蚕丝被差不多，或许稍微好一点，不过王女士要价220元，这就超出了赵小姐的预期。

4. 认为你的报价有水分

有时候对方想通过谈判了解你的底价，不想做冤大头。赵小姐或许是见过其他礼品公司的价格表，或是听过要拼命杀价的劝告，再或者是以前有杀价的经验。因此，她希望通过讨价还价来获得一个比较划算的价格。

5. 暗度陈仓

有时候，对方为了获得优惠的价格，会承诺己方将来还要购买其产品。交易达成之后，将来的事情是很难说的，这其实是一种权宜之计。己方若是想抓住长期客户，可以先获得对方的承诺，成交之后的细节问题必须由对方全权包办。事后，尽管对方发现自己的权益受到约束和控制，仍旧不得不与我们签下长期合约。

6. 如何应对买方的讨价还价

买方应付卖方有很多办法，如他可能说，"对不起，这已经超出预算了，我资金有困难"。这时卖方绝对不能上当。我们需要调查对方实际的资金实力。假如对方有某项未透支的预算，一旦发现，就可以请他将该项预算挪用。当然，这时我们必须了解预算期限，才能与对方事先约好交货时间。

了解谈判中的报价学问

如何报价对于谈判者来说是很重要的一环。假如你的报价符合市场规则和客户需求，那么签单成功率将大大增加。在某种程度上说，报价也在一定意义上决定了营销工作的成败，对于从事谈判工作的人来说，更是如此。如何给客户报价？许多谈判者都以为报价很简单。实际上，报价学问很大。

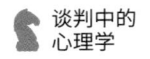

谈判实景：

木朗先生是日本一家企业的销售部主任，有一次他与太太去墨西哥度假，他太太很快进入了购物的人潮，他却"只看不买"到处闲逛，突然他看到一个小贩正在向他叫卖墨西哥披肩"1400比索"，而木朗对披肩根本没有兴趣，小贩说："好啦，大减价，1000比索好了。"木朗无奈地表示，自己丝毫没有兴趣，说完转身离去，但是小贩跟着他一遍又一遍说着："800比索，就800比索……"木朗忍无可忍，开始试图甩开小贩，小贩继续追他，并把价格降低到600比索。这时，正好遇到红绿灯，木朗汗流浃背地停了下来，那位小贩依然跟在身后吆喝："先生，400比索！"木朗非常厌烦，并发出警告："你别再跟着我。"令他感到意外的是，小贩回答说："好吧，算你赢，200比索。"木朗先生大吃一惊。小贩又说道："先生，这个披肩在墨西哥最便宜是175比索，是一个加拿大人创造的纪录，先生，200比索，您就买了吧。"木朗先生说："170比索，多一个子也不买，你到底卖还是不卖？"小贩感到十分委屈，汗流浃背，最后说："好吧，先生，它归你了。"

木朗先生回到旅馆，向妻子炫耀："卖1400比索的披肩，可你丈夫——知名的谈判家，只用170比索就买来了。"结果妻子回答："是吗？我买了一件一模一样的，才150比索，在柜子里。"木朗先是一呆，然后打开柜子，果然一模一样。

谈判双方在经过摸底之后，就开始报价。谈判报价的方式有两种，一种是己方先开价；另一种是对方先开价，己方后开价。谈判者究竟应该选择哪一种报价方式，要根据己方的条件以及每种报价方式的利弊关系来决定。先开价的益处在于：一方面先行报价，对谈判施加影响大，它实际上是给对方规定了谈判框架或基准线，谈判的最终协议将在这个范围内达成；另一方面，先报价若出乎对方的预料和设想，往往可以打破对方原有的部署，甚至动摇对方原来的期望值，使其失去信心。

谈判心理策略分析：

1. 报价前先介绍产品优势

正式报价之前，一定要尽可能先向客户介绍产品优势。这样做的益处非常明显，一方面能够让客户更好地了解公司和产品，增进认识；另一方面为正式报价"预先铺垫"，奠定基础。一旦客户对产品优势有所了解，就可以报出更加合适的价格。同时，谈判者可以通过介绍产品，拖延时间，引导客户说出更多的信息，更多地了解客户需求，然后报出更有针对性的价格。

2. 了解客户心理价位后再报价

只要有可能，谈判者都应该在报价前，争取多介绍产品优势，同时了解客户相关信息，科学推断客户的心理价位，再给出合理报价。

3. 若客户直接询价，报两个价

某些客户会直截了当地询问"产品价格是多少"，遇到这

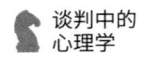

种情况，又该如何报价？一个是超低价格，可告诉对方，这个价格是公司推出的某款产品，正好用来开展优惠促销活动，以满足很大一部分客户的需求；一个是正常价格，比公司规定的统一报价要低一些，比公司规定的最低成交价要高一部分，告诉对方这个价格是主推产品的市场价格，功能比较强大，能够满足那些需求较高的客户的要求。

4. 第一次报价必须谨慎

第一次报价最忌讳报价过高，因为客户不会给你第二次报价的机会。例如，客户的心理价位是1万元，而你的第一次报价是5万元，甚至8万元，估计没有几个客户会继续和你洽谈。因为在客户看来，会觉得你能够给予的最低价估计就是2万元甚至3万元以上，会以为你绝不可能将价格调到1万元以下。

谈判过程中要如何报价才有效

在日常谈判中，按照惯例，发起谈判者应该先报价，投标者与招标者之前应由投标者先报，卖方与买方之间应由卖方先报价。先报价的好处是可以先行影响、制约对方，把谈判限定在一定的框架内，在这个基础上最终达成协议。举个简单的例子，假如你报价1万元，那对方很难奢望还价到1千元。在许多小服装店，一般报出的价格是超出顾客拟付价格的一倍乃至几倍，假如一件衬衣卖到60元，商贩就心满意足，但他们却会报

第11章
以双赢为心理引导，在讨价还价中获得最优谈判结局

价160元，因为很少有人会还价到60元。当然，卖方先报价也得有个度，不能漫天要价，使对方不屑于谈判，假如卖鸡蛋的小贩报价每斤300元，你还会花力气与其讨价还价吗？

谈判实景一：

北京市场上的服装零售价往往高出进价的三倍到十倍。假如一套衣服进价100元，标价800元。通常情况下，购买者会还价多少呢？一般还到700元、600元就不得了了。至于能还价到500元的，算是比较有勇气的，买家很少会还到400元、300元，他们怕被卖家骂，怕被人瞧不起。所以，宁可不还价，转身一走了事，免得招惹是非。

当然，卖家往往在500元、400元的价位上就愿意成交了，何况买家愿意出600元、700元，甚至800元呢？所以说，卖家只要一天中有一个人愿意在800元的价格上与他讨价还价，他就成功了。

尽管价格不是谈判的全部，不过毫无疑问，有关价格的讨论依然是谈判的主要组成部分。在任何一次商务谈判中价格的协商通常会占据70%以上的时间，许多没有结局的谈判都是因为双方价格上的分歧，最终导致双方不欢而散。当然，作为卖方希望以较高的价格成交，而作为买方则希望以较低的价格合作，这是一个普遍规律。尽管听起来比较容易，但是在实际谈判中要做到双方都比较满意，最终达到双赢的局面却是一件不简单的事情，这需要我们的谈判技巧和胆识，尤其是报价最为

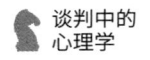

重要。

谈判实景二：

美国著名发明家爱迪生在某公司当电气技师的时候，他的一项发明获得了专利。公司经理向他表示愿意购买这项专利权，并问他要多少钱。当时，爱迪生想：只要能卖到5000美元就已经很不错了，不过他并没有说出来，只是督促经理说："您一定知道我的这项发明对公司的价值了，所以，价钱还是请您自己说一说吧！"经理报价道："40万美元，怎么样？"还能怎么样呢？谈判自然是没有多费周折就顺利结束了，爱迪生也因此得到了意想不到的巨款，为他以后的发明创造提供了资金保障。

通常情况下，假如你准备充分，知己知彼，那就要争取先报价；假如你不是行家，而对方是个行家，那你就要先沉住气，后报价，从对方的报价中获取信息，及时更正自己的想法；假如你发现谈判对手是个外行，那不管你是内行或者外行，你都要先报价，力争牵制、诱导对方。一些商贩深谙这个道理，当顾客是一个精明的家庭主妇时，他们就先报价，准备着对方来压价；当顾客是一位看起来不怎么懂行情的小伙子时，他们多半会先问对方"给多少"，因为对方有可能报出一个比商贩的期望值还要高的价格。

谈判心理策略分析：

1. 注意报价的策略

同样是报价，使用不同的表达方式，其效果也是不一样的。省保险公司为动员液化气用户参加保险，宣传说：参加液化气保险，每天只交保险费1元，如果遇到事故，则可得到高达一万元的保险赔偿金。这其实是一种价格分解术，以商品的数量或使用时间等概念为除数，以商品价格为被除数，会让人们对本来不低的价格产生一种便宜、低廉的感觉。假如说每年交保险费365元，效果就差很多了，人们便不会轻易接受了。

2. 首次报价攻略

好的开始是成功的一半，在你第一次向客户报价时确实需要花费一些时间来进行全盘思考。价格过高会导致一场不成功的交易出现，价格过低也不会因此停止价格还盘，因为他们并不知道你的价格底线，也猜不出你的谈判策略。首次报价的黄金法则是开价一定高于实际想要的价格。在谈判过程中，双方都会试图不断地扩大自己的谈判空间，报价越高意味着你的谈判空间越大，会有更多的回报。谈判实际上是妥协的艺术，成功的谈判是在你让步的过程中得到你所需要的，一个较高的报价会使你在价格让步中持有较大的回旋余地。

3. 对不同的客户采取不同的报价

报价并不是一成不变的，可以按照不同的客户或途径采取不同的报价。能够以较高的报价成交并不是没有可能的，不过你并不了解每一位客户的接受能力。例如，当王先生得知一

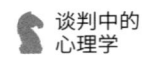

家国际性的销售终端向每一个供货商收取销售额的20%作为交易条件，他毫不犹豫地在自己原有基础上提高了25%，对方在谈判前调查了王先生的价格体系，对报价提出了异议，经过协商，王先生做出了5%的让步，而且提供了一套促销方案支持自己的报价，最终成交。

4. 首次报价不能接近底线

不管以何种条件成交，最重要的是要让对方感觉自己赢得了谈判。许多谈判者习惯于在第一次报价时给对方最优惠的价格，希望能够尽早成交，由于价格已经接近最低底线，在价格上没办法让步。还有的企业管理者比较急功近利，订单量是绩效考核的唯一指标，结果导致销售代表谈判开局就把价格降至最低，只顾数量而不顾质量，忘记了企业最终的目的是盈利而不是报表上的数字。

5. 你的报价不要把客户吓跑

假如你的报价超出客户的心理承受范围，且你态度强硬，那么对方随时会终止谈判。己方可以在报价的言语上暗示一些伸缩性，不过一定要强调回报，如"假如你能够现款提货，我可以在价格上给予5%的优惠""假如你提供特殊陈列面，并免费提供促销场地，我会在价格上有所考虑"。

6. 不要轻易亮出自己的底价

商务谈判由四个主要因素组成：己方的报价、对方的还价、己方的底价和对方的底价。报价和还价随着谈判的深入会慢慢清晰，而整个谈判过程中双方都会揣摩、推测、试探对方的底价，是心理、智慧、技巧的综合较量。所以，不管出于什么样的情况，都不要轻易亮出自己的底价。

参考文献

[1] 吴寒斌. 心理学与谈判策略［M］. 北京：中国纺织出版社，2016.

[2] MARGARET A. NEALE，THOMAS Z. LYS. 优势谈判心理学［M］. 王正林，译. 北京：新世界出版社,2016.

[3] 董道军. 谈判心理学［M］. 北京：中国商业出版社，2021.

[4] 梁志刚. 谈判心理学［M］. 北京：企业管理出版社，2018.